王友 编著

明代寻求真我的人

中华文化人文通识读本·《中国人》书系

黄荣华 主编

广西师范大学出版社

· 桂林 ·

图书在版编目（CIP）数据

明代寻求真我的人／黄荣华主编；王友编著. —桂林：
广西师范大学出版社，2021.5
（中华文化人文通识读本.《中国人》书系）
ISBN 978 - 7 - 5598 - 3263 - 4

Ⅰ.①明… Ⅱ.①黄… ②王… Ⅲ.①历史人物 - 生平
事迹 - 中国 - 明代 - 青少年读物 Ⅳ.①K820.48 - 49

中国版本图书馆 CIP 数据核字（2020）第 176049 号

明代寻求真我的人
MINGDAI XUNQIU ZHEN WO DE REN

出 品 人：刘广汉
责任编辑：刘美文
项目编辑：王 璇
装帧设计：朱鑫意
广西师范大学出版社出版发行
（广西桂林市五里店路9号   邮政编码：541004）
（网址：http://www.bbtpress.com）
出版人：黄轩庄
全国新华书店经销
销售热线：021 - 65200318   021 - 31260822 - 898
山东韵杰文化科技有限公司印刷
（山东省淄博市桓台县桓台大道西首   邮政编码：256401）
开本：690mm×960mm   1/16
印张：9.25   字数：120 千字
2021 年 5 月第 1 版   2021 年 5 月第 1 次印刷
定价：38.00 元

如发现印装质量问题，影响阅读，请与出版社发行部门联系调换。

总序

《中国人》书系共十册：《儒家的理想人》《墨家的理想人》《道家的理想人》《法家的理想人》《释家的理想人》《魏晋觉醒的人》《儒道释会通的人》《明代寻求真我的人》《现代走向世界的人》《神话、传说、侠义的理想人》。

《中国人》书系的编写，源于我们对当下中学生学习需要与生活需要的理解。

在我们的理解中，当下中学生需要对"中国人"有更广泛、更深刻的认识。"广泛"是对不同思想、不同行为的"中国人"而言的，"深刻"是对历史语境中生活的"中国人"而言的。在这样"广泛""深刻"的认识之下，才可能对"中国人"产生较为全面的认知。

而对"中国人"较为全面的认知，首先是"识自"的需要。

较全面地认识自我，才能比较理性地给自己定位。理性地自我定位，是极其重要的。用古人的话说，就是"知天命"。"知天命"才能真正地"人有为"，否则就会胡作非为。但受各种因素的影响，特别是"西方中心主义"的控制，当下中国整体上缺乏对"中国人"较为全面的认知。也就是说，我们现代中国人对"中国人"缺乏自我认知,其表现有时是自高自大,更多时候是妄自菲薄。这两种表现,在当下中学生身上都有所反映,只是反映的程度与方式有所不同而已。

我们常常听到中学生说这样一句话:"对待古代文化,要取其精华,去其糟粕。"

"取其精华,去其糟粕",作为现代人对待传统文化的大策略与大原则,是极正确,是应当坚持的,但实际上可能是难以操作的。一个中学生如果只会空说这样的大原则,而并不知晓何为"精华",何为"糟粕",又怎么"取"与"去"呢?不知晓何为"精华",何为"糟粕",却硬要"取精华","去糟粕",就只能胡乱动手了。

我要说,这种在不知何为"精华",何为"糟粕"的情况下,却胡乱地"取其精华,去其糟粕"的行为,其实在今天已经是"西方中心主义"控制下的不"识自"的中国人的普遍行为。

这种不"识自"的普遍行为,也可以说是"西方中心主义"控制下逐步形成的"反传统的传统"的表现。仔细想想,这种"反传统的传统"有着怎样的傲慢与偏见,它高高在上地审视着几千年传统文化,用"有罪推定"审判着几千年传统文化。

认识这种"反传统的传统",认识这种"反传统的传统"对我们行为的影响,认识这种影响在我们教育中的体现,认识这种体现对我们的教育所造成的困难,也是我们"识自"的重要内容。

认识自我,才能更好地面对自我。较为全面地认知"中国人",也是我们现代中国人更好地面对几千年传统的必须,是现代中国人更好地面对当下生活的必须。

传统是现代人走向未来的原动力。中华几千年传统,是现代中国人走向未来的原动力。历史早已证明,现代中国人不可能也无法割断自己与几千年文明史的广泛而深刻的内在联系。所以习近平总书记在党的十九大报告中指出:"中国特色社会主义文化，源自于中华民族五千多年文明历史所孕育的中华优秀传统文化。"习近平总书记也说："中国人民的特质、禀赋不仅铸就了绵延几千年发展至今的中华文明，而且深刻影响着当代中国发展进步，深刻影响着当代中国人的精神世界。"

较为全面地认知"中国人"，就能较为全面地认识"中国人民的特质、禀赋"，就能较全面地认识这些"特质、禀赋"对现代中国人走向未来具有怎样的活性力量；就能较全面地认识传统中国人为什么是"这样"生活而不是"那样"生活；就能较全面地认识现代中国人的生活逻辑与传统中国人的生活逻辑有怎样的内在关联；就能较深刻地理解古代诗文为什么是"这种"表达方式而不是"那种"表达方式；就能较深刻地理解汉字、汉语为什么能几千年不中断其历史，在现代中国依然具有强大的生命力，鲜活如初……

作为语文教师，我还要说，较为全面地认知"中国人"，还是学好古诗文的必须。常常听一些同学感叹，古诗文太难读了。是的，当我们对古代一点也不了解的时候，当我们对古人的生活一点也不熟悉的时候，当我们对古诗文生成的文化逻辑一点也不明白的时候，当我们对古诗文生成的文化逻辑其背后所隐藏的古人的生活情趣一点也感知不到的时候，阅读古诗文是会有很大障碍的。但倘若与之相反，我们阅读古诗文就不仅轻松如履平地，沉醉如沐春风，满足如享秋果，而且即使需要翻越障碍、穿越荆棘，也会勇于翻越、乐于穿越，进而体验翻越的愉悦，收获穿越的趣味。

一言以蔽之，期待《中国人》书系能帮助大家更好地认识自我，从而更好地有作为，从而更好地创造自己的幸福生活，从而更好地建设美丽新世界。

黄荣华

2020 年 8 月 6 日

前言
明代以前对真我的探求

　　鲁迅先生曾经说过："我们自古以来，就有埋头苦干的人，有拼命硬干的人，有为民请命的人，有舍身求法的人……虽是等于为帝王将相作家谱的所谓'正史'，也往往掩不住他们的光耀，这就是中国的脊梁！"其实，历史上，我们也从来不缺勇于追求真我的人。生性耿直的屈原虽遭受流放，身处"举世皆浊我独清，众人皆醉我独醒"的困境，但是为了心中的理想和拯救楚国于危难之中，他不甘与奸佞同流合污，他让我们看到了"路漫漫其修远兮，吾将上下而求索"的执着与坚定。身处乱世的曹操没有怨天尤人自暴自弃，他的"老骥伏枥，志在千里。烈士暮年，壮心不已"不仅透露出自强不息的豪迈气概，更展现出了锐意进取、勇于追求真我的精神面貌。

　　从字面来看，真我是真正的自己，寻求真我就是遵从自己内心理想，找寻到真正的自己，让自己的内心安适。自古以来，人们都知道求真向善尚美，都试图在自己的精神世界里纵情徜徉遨游。但是，很多人会被世俗的藩篱困住，自己的心灵也因此难以获得自由。而有一些人则丝毫不去考虑外物的困扰，他们敢于追求属于自己的自由和逍遥，敢于做真正的自己，这些人成为后世打破旧枷锁开拓新世界的典范。

在先秦，庄子就是一个不滞于物勇于追求个性自由的人。在与惠子的论辩中，他用诗意的眼光看世界，站在天人合一的立场将自己与万物相融，看到了游鱼之乐也体会到了知鱼之乐。在《逍遥游》中，他更是畅想了没有任何束缚可以自由自在地活动的"逍遥"境界——"北冥有鱼，其名为鲲。鲲之大，不知其几千里也；化而为鸟，其名为鹏。鹏之背，不知其几千里也；怒而飞，其翼若垂天之云。"

在秦始皇统一六国建立起中央集权的封建王朝后，焚书坑儒让很多人为高压政治所震慑。西汉董仲舒推行"罢黜百家，独尊儒术"后，"大一统"思想始终禁锢着人们的思想。在这样的情形之下，很难再有人敢于站出来与礼教抗争，为自由而奋斗。

司马相如成为那个时代少有的敢于追求真我的人，作为汉赋的杰出代表，司马相如不仅是中国著名的文学家，他还是一个不折不扣勇于追求真我的人。据称，当地富豪卓王孙的女儿卓文君才貌双全，精通音乐，但是婚姻不幸，十七岁寡居在家。在一场宴会上，当时文坛上已负盛名的司马相如操琴而歌："有美人兮，见之不忘。一日不见兮，思之如狂。凤飞翱翔兮，四海求凰。无奈佳人兮，不在东墙。张弦代语兮，欲诉衷肠。何时见许兮，慰我彷徨。愿言配德兮，携手相将。不得于飞兮，使我沦亡。"

随后，司马相如与卓文君私奔而去，演绎出了自由恋爱的经典佳话。古代的婚姻讲究"父母之命，媒妁之言"。《孟子》有云："不待父母之命，媒妁之言，钻穴隙相窥，逾墙相从，则父母国人皆贱之。"《后汉书》亦载："夫有再娶之义，妇无二适之文。"而司马相如与卓文君不顾世俗的羁绊，大胆冲破封建礼教的枷锁，即使荆钗布裙，当垆卖酒，也要去追求属于自己的自由幸福的爱情婚姻，被誉为"世界十大经典爱情之首"。

当然，像司马相如这样为了追求自由和幸福，敢于冲破世俗藩篱的人是不多的。但就是这些不惧世人偏见勇于探求真我的精神激励了一代又一代人。到了魏晋时期，终于出现了一个勇于追求真我的群体——竹林七贤。

在魏晋交替之时，社会腐朽黑暗，不仅当权者实行政治高压统治，而且各集团之间战争不断。当时的嵇康、阮籍、刘伶、向秀、山涛、王戎和阮咸七人，虽然性格各异，但是他们共同构成了一个追求真我的群体。据《晋书·嵇康传》载："所与神交者惟陈留阮籍、河内山涛，豫其流者河内向秀、沛国刘伶、籍兄子咸、琅邪王戎，遂为竹林之游，世所谓'竹林七贤'也。"由于当时的高压政治，他们大多"弃经典而尚老庄，蔑礼法而崇放达"，"越名教而任自然"，在创作上即使不能直抒胸臆，也要隐晦曲折地表达自己的思想。其中，《酒德颂》就显现出了刘伶超脱世俗、蔑视礼法的鲜明态度。

在《酒德颂》中，刘伶塑造出了一个"大人先生"形象。"大人先生"把自开天辟地以来作为一期，而又把一万期看作一个瞬间。他行无踪迹，居无定所，他把日月当作自己的门窗，把天地四方当作自己的庭院。《酒德颂》中的"大人先生"自在逍遥、潇洒自如。他无论什么时候无论走到哪里都会"操卮执觚"，"挈榼提壶"。在属于自己的世界里，"大人先生""惟酒是务"，只管喝酒。如此不羁礼法的"大人先生"必定被世俗视为怪异之人。果然，"贵介公子"和"缙绅处士"在听说了"大人先生"的举止后便议论起来，情绪激动时甚至撸起袖子、撩起衣襟、咬牙切齿、怒目圆睁。因为在"贵介公子"和"缙绅处士"看来，"大人先生"的行为举止实在不合礼法。但是，无论"贵介公子"和"缙绅处士"如何论争，"大人先生"都不思不想不闻不问，即使有泰山崩于前而自己也岿然不动。他"捧罂承槽，衔杯漱醪，奋髯箕踞，枕曲藉糟，无思无虑，其乐陶陶"，他"兀然而醉，怳尔而醒"，完全陶醉在自己的世界，把"贵介公子"和"缙绅处士"看作如螟蠃与蟪蛉一般。

在《酒德颂》中，刘伶虚拟的"大人先生"沉湎于酒内心却不迷茫，而且还有难能可贵的酒德；"贵介公子"和"缙绅处士"虽不沉湎于酒却沉湎于礼法，其言行举止却显现出无德。嬉笑怒骂之间，刘伶既对"贵介公子"和"缙绅处士"予以辛辣的讽刺和无情的嘲讽，又彰显出自己人格独立勇于求真的人生态度。

竹林七贤或不拘礼法、我行我素，或逍遥山林、终身不仕。但是，后来山涛在司马政权中出仕为官。嵇康在听说山涛调任大将军从事中郎并且有意荐举自己代替山涛原来所任的选曹郎时，写下《与山巨源绝交书》，明确表达了对仕途礼法的蔑视和崇尚老庄放任自然的追求。他们不仅在中国古代文学史上写下了不可或缺的一页，更重要的是他们敢于冲破世俗的藩篱和政治高压的胁迫，敢于追求放浪不羁远离官场独立于世俗之外，激励了后世一代又一代人。

东晋末年社会更加黑暗，政治极度腐败。这让怀有经世济民宏远志向的陶渊明陷入两难境地。因为生活压力和经世济民志向的激励，陶渊明曾出仕为官。但是面对现实的恶浊，陶渊明既不能施展抱负，也不愿同流合污。怎么办？于是，他在困境之中写了很多描写田园风光的诗来表达对理想境地的想象和向往。《归园田居（其一）》是其田园诗的代表作之一。在诗中，他这样描述归隐后生活在乡间的愉悦——"暧暧远人村，依依墟里烟。狗吠深巷中，鸡鸣桑树颠。户庭无尘杂，虚室有余闲。久在樊笼里，复得返自然。"在这里，既表现了他对田园生活的热爱，又隐含了对黑暗腐败官场的厌恶。他的努力就是为了保持完整独立的人格，为了追求自由和真我。《宋书》中则明确记载了他不愿为五斗米折腰，仅在官八十多天就愤而辞归的故事。"郡遣督邮至，县吏白应束带见之。潜叹曰：'吾不能为五斗米折腰向乡里小人！'即日解印绶去职，赋《归去来》。"

魏晋时期是文学的觉醒时期，也是人的觉醒时期。尤其是陶渊明"吾不能为五斗米折腰向乡里小人"一句让人们真正认识到了人的价值，认识到了保持人格独立和追求真我的重要意义。到了唐宋时期，陶渊明成了李白、杜甫、苏轼等人崇拜的偶像。

"诗仙"李白一生遍游名山大川。在一路漫游中，他抒写性灵，用诗来表露心迹。李白的诗作充分体现了他卓尔不群的思想和追求自由、追求真我的精神。李白大半生生活在盛唐时期。他志向远大，以天下为己任，毕生为"济苍生""安社稷"的济世理想而奋斗着。他"五岁诵六甲，十岁观百家"，胸怀壮志，博古通今，自诩"文可以变风俗，学可以究天人"；他"十五好剑术"，"三十成文章"，遍干诸侯，历抵卿相，认为"虽长不满七尺，而心雄万夫"；他嗜酒尚侠，豪气冲天，"壮士怀远略，志存解世纷"，立志"申管晏之谈，谋帝王之术"。

天宝初年，由道士吴人筠推荐，唐玄宗召李白进京。在临别送给妻子的诗中李白这样写道："归时傥佩黄金印，莫见苏秦不下机。"可见，他对这次进京寄予厚望。但是，唐玄宗并没有给他施展政治抱负的机会，只给他做了一个"供奉翰林"以供皇帝消遣娱乐之用。在朝三年，李白不仅一直没有受到重用，而且还处处受到高力士等人的排挤。于是，一向洒脱豪放的"诗仙"悲愤郁闷至极。天宝三载，李白终于被"赐金放还"。原本畅想的远大理想抱负全都成了梦幻泡影，李白遭受了政治人生中的重大失败。

李白素来有"天子呼来不上船"的执着，也有"仰天大笑出门去，我辈岂是蓬蒿人"的自信。可是三年一梦后，李白意识到求官为宦不如求仙问道，囿于政治莫若精神自由，就在文学的世界里畅想遨游。于是，在《梦游天姥吟留别》中，李白通过丰富大胆、奇特浪漫的想象宣泄出内心的苦闷，也袒露了内心对自由的向往。他用一句"安能摧眉折腰事权贵，使我不得开心颜"把三年来被压抑的苦闷一吐为快。陶渊明不为五斗米折腰，能够毅然挂印辞官，归隐心灵的桃花源。李白也明确告诉东鲁友人他漫游名山、追求自由的志向和不事权贵、蔑视权贵的内心，他向世人宣布要追求心灵的自由。

在宋代，儒学复兴，产生了新儒学即理学。受程朱理学的影响，宋代文人无论赋诗填词还是为文抒怀，大都要阐述理趣之美。宋代文人在说理说禅之时，也流露出寻求真我表达个人情思的"士人风骨"。如北宋名臣范仲淹将个人的价值与国家利益、民族大义结合起来，提出"先天下之忧而忧，后天下之乐而乐"，体现了忧国忧民以天下为己任的政治抱负。

北宋大文豪苏东坡则是始终以顽强乐观的信念和超然自适的人生态度去积极思考人生探索人生价值的典范。他在《潮州韩文公庙碑》一文中，重新诠释了孟子的"浩然之气"。他说："是气也，寓于寻常之中，而塞乎天地之间。卒然遇之，则王公失其贵，晋、楚失其富，良、平失其智，贲、育失其勇，仪、秦失其辩。是孰使之然哉？其必有不依形而立，不恃力而行，不待生而存，不随死而亡者矣！故在天为星辰，在地为河岳，幽则为鬼神，而明则复为人。"

他一生经历仁宗、英宗、神宗、哲宗、徽宗五朝，又多次遭受贬谪。在朝时，他以德治仁政的政治理想尽职尽责，被贬后他依然体恤民情关心百姓疾苦。无论在朝为官，还是被贬边远之地，苏东坡始终保持着清醒的头脑，以敏锐的眼光去透视人生和现实。尤其是经历了"乌台诗案"后，他更是彻悟人生。他在徐州率民抗洪，他在杭州疏浚西湖，他在黄州垦荒种菜，他在海南教当地百姓凿井耕种，苏堤、东坡井、东坡桥等泽被后世千年。他在寻求超脱自适的同时也为后人留下了诸多财富。他的一首《和子由渑池怀旧》不仅极富理趣之美，更在岁月流转的感慨中留给读者无限思考。"人生到处知何似，应似飞鸿踏雪泥。泥上偶然留指爪，鸿飞那复计东西。老僧已死成新塔，坏壁无由见旧题。往日崎岖还记否？路长人困蹇驴嘶。"

南宋灭亡后，元朝统一中国。虽然结束了民族政权长期并存的分裂和战乱局面，但是民族矛盾和社会矛盾异常激烈，在统治阶层内部又有以许衡为首的儒臣派与以阿合马为首的理财派之争。在森严的等级制度压迫之下，关汉卿站了出来以戏曲为武器进行了抗争。但是，像关汉卿等人这样不畏强权敢于去与世俗抗争，为心中的理想和自由而奋斗的人并不多。

到了明代，由于前期一位位勇于追求真我的人的启示，加上资本主义萌芽的出现等原因，越来越多的人内心觉醒起来，他们敢于寻求内心的安适和心灵的自由，于是出现了一大批寻求真我的人。其中，有文人，如"致良知"的王守仁，别有胸襟、洒落的狂生徐渭，倡导"童心说"的李贽，寄情戏梦、玉茗流芳的汤显祖，追求适世人生、独抒性灵的袁宏道；有政客，如上天的宠儿、帷幄奇谋的刘基，忠直殉道的方孝孺，要留清白在人间的于谦，刚正不阿、心系黎民的海瑞；当然，这里还包括卓然不群、风骨嶙峋的奇女子柳如是。

目录

一 知行合一 王守仁

龙场悟道

在贵州省修文县栖霞山，有一个东洞非常有名。因为明代著名的心学大师王阳明先生任龙场驿丞时就曾经在这里住过，所以这个洞又叫阳明洞。

王阳明就是王守仁，是明代著名的思想家、哲学家、文学家，也是非常有名的军事家。他字伯安，号阳明，所以人们都称他阳明先生。他精通儒释道三家思想，并且创立了心学，是历史上著名的心学大师。其实，他的很多思想就是从修文县的这个阳明洞开始的。

明武宗时期，太监刘瑾专权干政。面对刘瑾的专横跋扈，王阳明仗义执言上书弹劾佞臣，结果触怒了刘瑾，被抓起来"廷杖四十"，然后贬为贵州龙场驿丞。"廷杖"是什么惩罚呢？就是扒下裤子当众打屁股，这不仅给人以身体的责罚，更给人以人格上的羞辱。据载，在明代仅被宦官刘瑾杖死的就有二十多人。王阳明是一介书生，被"廷杖四十"后历经九死一生竟奇迹般地从死亡的边缘走了回来，然后由兵部主事贬为龙场驿丞。

龙场就在今天的贵州省西北部的修文县，距离省会贵阳有七十多里。当时，这里的居民尚未开化，是荒凉偏僻的瘴雨蛮烟之地。被"廷杖四十"，王阳明坚强地挺了过来；从京城到龙场，王阳明又一路颠簸走了过来。当时龙场的条件很差，据《明史》记载"龙场万山丛薄，苗、僚杂居"。但是，一切困难都打不垮王阳明。水土不服，一点点适应；语言不通，慢慢地去沟通；衣食住不能保证，那就自己动手去改善。于是，王阳明在陌生的环境中学着种地、建造房屋、改善生活。不久他就与当地百姓打成一片，成为当地颇受欢迎的人。随着交往的逐渐深入，当地人不仅接纳了王阳明，而且非常喜欢和他来往，有些人还在王阳明的住所附近学着建造房屋以便近距离听王阳明讲学。《明史》中记载："守仁因俗化导，夷人喜，相率伐木为屋，以栖守仁。"于是这里就有了后来的龙冈书院。

在陌生的生活环境中慢慢适应是很苦的，尤其是对刚刚经历了生与死考验的人来说更是如此。静下心时，王阳明回想着自己的遭遇，开始不断地反省自己的人生。

应该说王阳明很早就显露出了超乎寻常的聪明才智。据《明史·王守仁传》载："守仁天资异敏。"像其他孩子一样，小时候的王阳明也是极其贪玩，这也多次遭到父亲的严惩。有一天，看到顽劣的王阳明沉迷象棋，父亲忍无可忍就把他的棋扔进了河里。这对小小的王阳明触动很大，随即有感而发写下了一首诗："象棋终日乐悠悠，苦被严亲一旦丢。兵卒坠河皆不救，将军溺水一齐休。马行千里随波去，象入三川逐浪游。炮响一声天地震，忽然惊起卧龙愁。"

这是一首律诗，不仅对仗工整、音韵和谐，而且十分适切地表达了自己内心的真实感受。从这首诗中也可以看出王阳明幼年时天资的聪颖。

在王阳明十岁时，他的父亲中了状元。一年后，他就跟随爷爷进京。途中，路过金山寺时，王阳明即景抒怀又挥洒自如地写下一首诗："金山一点大如拳，打破维扬水底天。醉倚妙高台上月，玉箫吹彻洞龙眠。"

十多岁的小孩子能够写出这样的诗，这让很多人都不敢相信。但是，小小的王阳明接下来又作了一首技惊四座的诗。这首诗是王阳明当场以"蔽月山房"为题而作，所以又叫《蔽月山房》。"山近月远觉月小，便道此山大于月。若人有眼大如天，还见山小月更阔。"

王阳明的这三首诗应该说一首更比一首高。写象棋的这一首诗或许是因为触动了他的内心，属于有感而发。第二首写得极为潇洒，可以说是才华横溢。而这一首《蔽月山房》则蕴含着深刻的哲理。要知道让区区一个小孩子去洞察世界分辨小大实在太难。但是，王阳明在《蔽月山房》中就早早地显现出了他的哲学认知。

天资聪颖的王阳明少时顽皮，不仅喜欢下棋，而且还敢于和老师辩论。有一次，王阳明问老师，我们为什么要读书呢？老师说，读书是为了求取功名。王阳明又问，人生的头等大事是什么呢？老师说，当然是求取功名考取状元啊。王阳明立即反驳老师说，考取状元不是人生头等大事。人生的头等大事是做圣贤。我就要做圣贤。其实，类似的情景在很多时代，在很多名人身上都发生过。但从小立志做圣贤并最终成为圣贤的却绝无仅有。做圣贤，这就是少时王阳明的豪言壮语。

对很多人来说，想是容易的，说说也是不难的，但是想过说过然后就去实践，而且用毕生精力去践行自己的想法，最后又实现了自己的夙愿更是难上加难的。王阳明从小立志做圣贤，最后他真的成了圣贤。他被后人评为"明第一流人物，立德、立功、立言，皆踞绝顶"。而且他得以和至圣先师孔子、亚圣孟子、南宋大儒朱熹并列，在"孔孟朱王"中占有一席之地，成为明代心学的集大成者。2015年"两会期间"，习近平总书记在与贵州人大代表团会谈时也提到王阳明，他认为王阳明的心学正是中国传统文化中的精华，也是增强中国人文化自信的切入点之一。

其实，王阳明的主要思想认知就始于这个阳明洞。据《明史·王守仁传》记载："谪龙场，穷荒无书，日绎旧闻。忽悟格物致知，当自求诸心，不当求诸事物，喟然曰：'道在是矣。'学者翕然从之，世遂有'阳明学'云。"

我们知道，王阳明自小就立志做圣贤。那么究竟该如何去实现自己的愿望呢？王阳明也是在不断探索，读到《大学》时，他若有所悟，似乎找到了成为圣贤的路径。《大学》载："古之欲明明德于天下者，先治其国。欲治其国者，先齐其家。欲齐其家者，先修其身。欲修其身者，先正其心。欲正其心者，先诚其意。欲诚其意者，先致其知。致知在格物。物格而后知至，知至而后意诚，意诚而后心正，心正而后身修，身修而后家齐，家齐而后国治，国治而后天下平。"

格物、致知、诚意、正心、修身、齐家、治国、平天下。环环相扣，步步相随。在王阳明看来，要平治天下就要从格物开始了。王阳明的爷爷非常喜欢竹子，所以王家里里外外都种了很多竹子，于是王阳明就从身边做起，首先开始"格竹"，他要从竹中发现真理认知世界。很遗憾经过几天连续静坐观察，王阳明不仅没有从竹子中发现真理，而且还因此大病一场。自此很长一段时间，王阳明都对格物致知之学疑惑不已。

在龙场阳明洞，王阳明回想了自己的过往，"格竹"失败的经历更是记忆犹新。某一天，他在静坐中突然若有所悟。据王阳明的弟子钱德洪《年谱》记载："（先生）日夜端居澄默，以求静一；久之，胸中洒洒。而从者皆病，自析薪取水作糜饲之；又恐其怀抑郁，则与歌诗；又不悦，复调越曲，杂以诙笑，始能忘其为疾病夷狄患难也。因念：'圣人处此，更有何道？'忽中夜大悟格物致知之旨，寤寐中若有人语之者，不觉呼跃，从者皆惊。始知圣人之道，吾性自足，向之求理于事物者误也。"

他一下子认识到格物致知其实有两个方向：一个是向外，即向世界外物求取真知；还有一个是向内，也就是向自己的内心世界去探求。想想过去一心一意去"格竹"，实在太可笑，因为方向反了。其实，心才是感应世界万事万物的根本。"圣人之学，心学也。"由此，他提出了心即是理的命题。这就是著名的"龙场悟道"。

"龙场悟道"后，王阳明解决了长期困扰他内心的一个问题，彻底认识到："心即理也。天下又有心外之事、心外之理乎？"

他曾明确地告诉自己的学生徐爱："身之主宰便是心，心之所发便是意，意之本体便是知，意之所在便是物。如意在于事亲，即事亲便是一物；意在于事君，即事君便是一物；意在于仁民爱物，即仁民爱物便是一物；意在于视、听、言、动，即视、听、言、动便是一物。所以某说无心外之理，无心外之物。"

在王阳明看来心就是理，心是万物的主宰和一切，除此之外，心外无事，心外无理。比如说对待自己的父母要孝顺，这个道理人人都懂，但这并不是从父母那里得来的。对孝的认知存在每一个人的心里，根本不用到心外去找寻。用自己内心的孝敬之心对待父母就是孝。同样的道理，忠、信、仁也都是存在于人的内心的，把内心的认知表现在事君、交友、治理百姓等具体的实事上就是忠、信、仁。

自此，王阳明便静心钻研心学，教育弟子。王阳明的学生徐爱回忆老师的学问时曾说："爱朝夕炙门下，但见先生之道，即之若易，而仰之愈高；见之若粗，而探之愈精；就之若近，而造之愈益无穷。十余年来，竟未能窥其藩篱。世之君子，或与先生仅交一面，或犹未闻其謦（qìng）欬，或先怀忽易愤激之心，而遽欲于立谈之间，传闻之说，臆断悬度，如之何其可得也？从游之士，闻先生之教，往往得一而遗二，见其牝牡骊黄而弃其所谓千里者。"他还说："始闻先生之教，实是骇愕不定，无入头处。其后闻之既久，渐知反身实践。然后始信先生之学，为孔门嫡传。舍是皆傍蹊小径，断港绝河矣。"

一 知行合一 王守仁

但致良知成德业

龙场悟道后，"良知"二字深深地刻在了王阳明的脑子里。经过长时间的琢磨，王阳明将自己对"格物致知"的认识和孟子的"良知良能说"相结合，提出了"良知说"。他说："吾良知二字，自龙场以后，便已不出此意，只是点此二字不出，与学者言，费却多少辞说，今幸见出此意，一语之下，洞见全体，真是痛快！"他还说："我此良知二字，实千古圣贤相传一点滴骨血也。"他还将"良知说"视为学问的头脑，他说："良知明白，随你去静处体悟也好，随你去事上磨炼也好，良知本体原是无动无静的，此便是学问头脑。我这个话头，自滁州到今，亦较过几番，只是致良知三字无病。"

孟子曾提出："人之所不学而能者，其良能也；所不虑而知者，其良知也。孩提之童，无不知爱其亲者；及其长也，无不知敬其兄也。亲亲，仁也；敬长，义也。无他，达之天下也。"（《孟子·尽心上》）孟子在这里所说的"良知良能"是人身上天赋的道德和良知。小孩子从小就知道爱父母、敬兄长，这些是人身上本来就有的"良知良能"。这些天赋的"良知良能"不是从后天的学习中得来的，而是人性中本来就有的"善"。正如"恻隐之心，人皆有之；羞恶之心，人皆有之；恭敬之心，人皆有之；是非之心，人皆有之"一样，爱父母、敬兄长，也是不用学习就知道的。

王阳明在此基础上发展了孟子的学说，他认为良知即是天理。他说："良知是天理之昭明灵觉处，故良知即是天理，思是良知之发用。若是良知发用之思，则所思莫非天理矣。良知发用之思，自然明白简易，良知亦自能知得。若是私意安排之思，自是纷纭劳扰，良知亦自会分别得。"孟子曾经说过："心之官则思，思则得之。"而在王阳明看来，从良知上产生出的各种想法也是天理。不仅如此，良知人人都有，而且与生俱来。"是非之心，不虑而知，不学而能，所谓良知也。良知之在人心，无间于圣愚，天下古今之所同也。"

真正的"良知"是不用思考就能明白的道理，是不用学习就能具备的本能。良知存在于每个人的心中，圣人和愚人在这一点上是没有区别的，古今天下也都是一样的。因此，世上的君子，只要在致良知上下功夫，就能公正地辨别是非，从而具有和公众相同的好恶。

人的良知大抵相同，但是在事实上人们彼此之间还会有差距，这又是为什么呢？孟子提出了"求其放心"的说法。"放心"就是失去的本心。一些人能一直葆有人的本心是因为他们善于通过求学与探究去寻找"放心"；而另一些人之所以慢慢变坏了，变恶了，是因为没有把"放心"找回来。在王阳明看来，人的本性都是善的，所以人的良知也都是好的。但是，人的良知或多或少受内心渣滓的影响，也有可能被其他东西遮蔽，他说："良知本来自明。气质不美者，渣滓多，障蔽厚，不易开明。质美者，渣滓原少，无多障蔽，略加致知之功，此良知便自莹彻，些少渣滓，如汤中浮雪，如何能作障蔽？"

因此，要让良知晶莹透彻，就要不断地修身养性、勤于去蔽，这就是"致良知"的功夫。虽然说在"良知良能"方面，粗疏愚笨的人和圣

一 知行合一王守仁

贤之人是大致相同的。但是，圣贤之人遵循大道所以能够"致良知"，而那些粗疏愚笨的人却只是为寻求一些细枝末节的东西而误入歧途，所以不能"致良知"。

王阳明的弟子在他"致良知"学说的启发下，不仅勤于思考，精心求知，更是用实际行动相互学习，勇于去蔽来"致良知"。嘉靖六年（1527），王阳明再次被朝廷起用讨伐思恩（今广西壮族自治区武鸣县北）和田州（今广西壮族自治区田阳县北）叛乱。临行前，王阳明的学生钱德洪和王汝中对先生的"四句教"进行了深入探讨。王阳明曾经提出："无善无恶心之体，有善有恶意之动，知善知恶是良知，为善去恶是格物。"这就是后来影响深远的"四句教"。

有人说，"四句教"是阳明心学的精髓，同时也是简易明快了解阳明心学的工具，更是阳明心学的"天机"。的确如此，王阳明的学生王汝中曾对"四句教"提出了疑问：既然心的本体无善无恶，那么由心而发出的意也应该是无善无恶的；如果意无善无恶，那么由意主导所做的事也一定是无善无恶的。既然如此，只提第一句"无善无恶心之体"不就解决一切问题了吗？而钱德洪则认为，心体原本是无善无恶的，但是会被外物所沾染蒙蔽，所以我们要为善去恶。格物、致知、诚意、正心、修身就是要恢复心体的本来面貌。

听了两位学生的争执，王阳明直言：资质特高的人，可以直接从本源上体悟；资质较差的人教导他从意念上为善去恶。汝中的见解，是我用来开导资质特高的人；德洪的见解，是我用来教导资质较差的人使用的方法。

资质特高的人，对本体功夫一悟全透，只需认识"无善无恶心之体"即可。而那些资质较差的人，良知已经被渣滓遮蔽，必须切实教导他为善去恶的功夫，教导他通过格物的方法致良知。

王阳明还告诉自己的弟子致良知要循序渐进。他说："我辈致知，只是各随分限所及。今日良知见在如此，只随今日所知扩充到底。明日良知又有开悟，便从明日所知扩充到底。如此方是精一功夫。"因此，同别人探讨学问，也必须依据他的能力所及。这就如同树刚萌芽，用少量的水去浇灌。树芽稍长了一点，再多浇一点水。树从一把粗到双臂合抱，浇水的多少，都要根据树的大小来决定，刚萌生的嫩芽，如果用一桶水去浇灌它，就会把它泡坏了。

王阳明十分重视"良知之学"。他坚信："天地虽大，但有一念向善，心存良知，虽凡夫俗子，皆可为圣贤。"他认识到人人都有"良知"，只要努力向善，不让自己的心污染，人人都可成为圣贤。他也深刻地意识到自己过去曾被前人的观点迷惑而误入歧途，因此，他在《示诸生》中教导弟子"但致良知成德业"。"尔身各各自天真，不用求人更问人。但致良知成德业，谩从故纸费精神。乾坤是易原非画，心性何形得有尘？莫道先生学禅语，此言端的为君陈。"

致良知要从小事做起，尤其不能忽视了日常琐事。王阳明在《别诸生》一诗中又这样教导弟子："绵绵圣学已千年，两字良知是口传。欲识浑沦无斧凿，须从规矩出方圆。不离日用常行内，直造先天未画前。握手临歧更何语？殷勤莫愧别离筵！"

王阳明的"良知学"自提出后，便广为流传，无论在当时还是在后世都产生了深远的影响。张岱曾说："阳明先生创良知之说，为暗室一炬。"

知
行
合
一

　　中国古代思想家历来重视"知"的作用。《礼记·大学》就把"格物致知"置于八条目之首。(《大学》提出的"明明德""亲民""止于至善"和"格物""致知""诚意""正心""修身""齐家""治国""平天下",被朱熹称之为"三纲领八条目",后简称"三纲八目"。)此后,历代的思想家多以此为据,强调"致知"的重要性,并提出了自己的知行观和认识论。如孔子倡导"敏于事而慎于言",墨子主张"口言之,身必行之"等。北宋著名理学家程颐也十分强调知对行的指导作用。他提出:"君子之学,必先明诸心,知所养,然后力行以求至,所谓自明而诚也。"他还说:"须是识在所行之先。""故人力行,先须要知。非特行难,知亦难也。"程颐非常重视"知",并且认为人一定要先知道然后才能心安理得,如果去实践也一定要先有所知才行,这样才不致陷于盲目。

　　南宋大儒朱熹深受程颐的影响,他在继承程氏思想的基础上又创造性地发展了一步。朱熹也多次明确提出:"论先后,当以致知为先。"但是,朱熹在"知先于行"的基础上又提出了"行重知轻"的说法。他在

《论知行》中直言："论轻重，当以力行为重。"他还在《答程正思》中说："致知力行，论其先后，固当以致知为先；然论其轻重，则当以力行为重。"

程颐曾经以走路为例证明知先行后说。比如说一个人要到京城去，他一定要先知道去京城的道路在哪里，然后才可能到达京城。否则的话，如果他不知道去京城的道路，即使有去京城的想法又怎么能够到达京城呢？对此，朱熹也举例为程颐辩护。他在《答吴晦叔》中说："夫泛论知行之理，而就一事之中以观之，则知之为先，行之为后，无可疑者。"他也以走路作喻，人在走路的时候如果看不见路，那他怎么走呢？在朱熹看来，要想走好路，首先就必须先看见路，并且知道路在那里。

程颐和朱熹关于知行的学说在很长一段时间里产生了深远的影响，并且还一度被视为圭臬。但是，自龙场悟道后，王阳明意识到了"知先行后"的错误。王阳明也以走路为例反驳程颐的观点。人走路并不是先知道了路然后再去行走，而是知道一段路走一段路，走了一段后才认识一段路。人总是一边行走，一边向路人打听路，走了又问，问了再走，才最终到达目的地的。他明确地提出了"知行合一"的学说。

王阳明明确提出："知是行之始，行是知之成。若会得时，只说一个知，已自有行在；只说一个行，已自有知在。"在王阳明看来，古人之所以知行并提，只因世上有一种人，只顾稀里糊涂地随意去干，根本不思考琢磨，完全肆意妄为，因此必须说一个知，他才能行得端正。还有一种人，海阔天空漫无边际地思考，根本不愿切实力行，只是无端空想，所以说一个行，他方能知得真切。这正是古人为了补偏救弊，不得已而为之的对策。但是，有些人一定要把知和行分为两件事去做，认为是先知然后行。针对这种错误的认识，他说："某今说个知行合一，正是对病的药，又不是某凿空杜撰。知行本体，原是如此。今若知得宗旨时，即说两个亦不妨，亦只是一个。若不会宗旨，便说一个，亦济得甚事？只是闲说话。"

王阳明还认为知是行的开端，行则为知的完成，二者互为始末。他的"知行合一"论强调知行并重。在王阳明看来，"知之真切笃实处即是行，行之明觉精察处即是知"，要成就一件事就必须知行并重，只知而不去行动便不算真知。他在《答顾东桥书》中说："知之真切笃实处，即是行；行之明觉精察处，即是知。知行工夫，本不可离。"在《答友人问书》中，他又说："知之真切笃实处便是行，行之明觉精察处便是知。若知时，其心不能真切笃实，则其知便不能明觉精察；不是知之时只要明觉精察，更不要真切笃实也。行之时，其心不能明觉精察，则其行便不能真切笃实；不是行之时只要真切笃实，更不要明觉精察也。"王阳明多次强调了明觉精察和真切笃实之间的相互联系。知并不是只要明觉精察不要真切笃实，行也不是只要真切笃实不要明觉精察。知和行两者互为前提，互为因果，不可分割。

其实，王阳明的一生就是知行合一的一生。他从小立志做圣人，然后就用一生的努力去求圣，最终集立德、立功、立言于一身而成为"真三不朽"。要知道有道德的人不一定就能够建功立业，能够建功立业的人又很难留下属于自己的经典思想。王阳明在研习心学、讲学悟道的过程中不仅影响了当时的一大批人，而且他的思想震烁古今，他在讲学过程中的言行也被弟子记载下来，辑为《传习录》。尤其难能可贵的是，王阳明还是一个军事家，他在明王朝的危急关头多次出奇制胜屡立奇功，最终实现了古今圣贤的最高人格理想，被称为"古今完人"。

在弘治十二年（1499），王阳明心怀报国之志，上疏《陈言边务疏》。他直言："臣愚以为今之大患，在于为大臣者外托慎重老成之名，而内为固禄希宠之计；为左右者内挟交蟠蔽壅之资，而外肆招权纳贿之恶。习以成俗，互相为奸。忧世者，谓之迂狂；进言者，目以浮躁；沮抑正大刚直之气，而养成怯懦因循之风。故其衰耗颓塌，将至于不可支持而不自觉。"他一针见血地指出朝中最大的问题不在边患，而在庙堂之上，大臣无忠心、报国之心，皇帝身边的宦官欺上瞒下，争权纳贿。他不畏权贵针砭时弊，并不是基于一时之激愤，他始终用实际行动来践行自己建功立业的理想追求。后来，他也因勇于参与"诛八虎"事件而被"廷杖"、被贬谪龙冈。

1519 年，当得知宁王朱宸濠拥兵十多万在南昌谋反，时任南赣、汀、漳巡抚、金都御史的王阳明将他的军事才能发挥到了极致。朱宸濠谋反后，王阳明一方面虚张声势，派人到处发布各地武将已率十六万明军对朱宸濠形成合围的消息；一方面使用反间计，通过书信引起朱宸濠对手下两员武将的怀疑。然后他又调虎离山将朱宸濠引至安庆，趁南昌防守虚空时直捣黄龙。前后仅仅用时月余就平定了朱宸濠的叛乱，堪称军事奇迹。

平定朱宸濠叛乱，充分展现出王阳明军事天才的一面，他用实际行动向人们展示了自己的"知行合一"论。平定叛乱后，王阳明写下了这首《书草萍驿》："一战功成未足奇，亲征消息尚堪危。边烽西北方传警，民力东南已尽疲。万里秋风嘶甲马，千山斜日度旌旗。小臣何尔驱驰急，欲请回銮罢六师。"

此心光明

　　嘉靖六年（1527），思恩与田州叛乱后，明王朝征调四十万军队平叛反遭失败。于是，王阳明又被征调去讨伐思恩与田州。得知老师又要远行的消息后，弟子们依依不舍地聚集在一起，有的还继续向老师探讨"四句教"。临行的前夜正值中秋，王阳明看看天上明月当空，眼前又聚集了众多弟子，可谓英才荟萃，于是即兴赋诗一首《月夜》："处处中秋此月明，不知何处亦群英。须怜绝学经千载，莫负男儿过一生。影响尚疑朱仲晦，支离羞作郑康成。铿然舍瑟春风里，点也虽狂得我情。"

　　王阳明由眼前景想到了当年子路、曾晳等人侍坐孔子的情景。子路、冉求、公西华各自谈了自己的志向后，曾点舍瑟而作，说出了自己的理想："莫春者，春服既成，冠者五六人，童子六七人，浴乎沂，风乎舞雩，咏而归。"曾晳向老师孔子描绘了一幅和谐盛世的画面，这也是孔子追求的最高理想。所以，孔子说："吾与点也。"

　　王阳明从小就立志成为圣人，他一生"致良知"，并且在求圣的路上提出"知行合一"，在军事上屡立战功，彪炳千秋。月下的王阳明想想朱熹和郑玄认识上的不足，看看自己"致良知"的经历，这和曾皙高远的人生理想何其相似。

平定思恩与田州叛乱后，王阳明积劳成疾，病情日益危重。临终前，他还在关心学生周积学问的进展情况。当周积问他还有什么遗言时，他笑着说了八个字："此心光明，亦复何言？"就这样，王阳明先生以一颗光明之心离开了人世，终年五十七岁。

《论语》的开篇第一则是这样的："学而时习之，不亦说乎？有朋自远方来，不亦乐乎？人不知而不愠，不亦君子乎？"孔子在这里是教导弟子学为君子的方法。孔子的弟子曾子牢记老师的教诲："吾日三省吾身——为人谋而不忠乎？与朋友交而不信乎？传不习乎？"王阳明的弟子钱德洪在先生去世后回忆先生讲学时的情形说："吾师终日言是而不惮其烦，学者终日听是而不厌其数。盖指示专一，则体悟日精，几迎于言前，神发于言外，感遇之诚也。"于是，他们纷纷表示要将先生的心学发扬光大，并且约定用三年的时间收录先生的遗言。最后，这些由弟子辑录的王阳明语录被编纂为《传习录》。在传播的过程中，《传习录》出现了很多版本。一般是将徐爱、陆澄、薛侃等人辑录的《初刻〈传习录〉》一百二十九条定为《传习录》上卷；将王阳明与友人、弟子来往的书信七十一条辑为《续刻〈传习录〉》，定为《传习录》中卷；将陈九川、黄直等人辑录的《传习续录》一百多条定为《传习录》下卷。此后，《传习录》广为传播，相关的讲学与日俱增，王阳明先生的心学也天下皆知。

王阳明去世后，明穆宗这样评价他："两肩正气，一代伟人，具拨乱反正之才，展救世安民之略。"泰州学派的一代宗师李贽后来也如是撰文："呜呼！天生先生岂易也耶！在江西为三大忠，在浙江为三大人，在今古为三大功，而况理学又足继孔圣之统者哉？"回想王阳明提出的"致良知"学说和"知行合一"论，他既强调了人的主观能动性，又强调了行的重要性。王阳明的心学传到日本后，在日本产生了深远的影响。近代革命家章太炎看到了这一事实，真切地说："日本维新，亦由王学为其先导。"日本海军大将东乡平八郎也坦言深受王阳明思想的影响，直言"一生低首拜阳明"。梁启超这样评价："阳明是一位豪杰之士，他的学术像打药针一般，令人兴奋，所以能做五百年道学结束，吐很大光芒。"

王阳明是一个寻求真我的人，他立志求圣后就一直走在求为圣贤的路上。他用自己一生的努力去致良知，他的内心纯洁光明。

他在中秋时节写过的一首《中秋》，或许能够代表他的圣人之心。"去年中秋阴复晴，今年中秋阴复阴。百年好景不多遇，况乃白发相侵寻。吾心自有光明月，千古团圆永无缺。山河大地拥清辉，赏心何必中秋节。"

二 胸襟洒落徐渭

不入牢笼

嘉靖四十五年（1566），四十六岁的狂生徐渭据说因发病着魔而杀死了继妻张氏，于是徐渭被判下狱。在好友张元忭等人的极力斡旋下，直到万历元年（1573）新皇帝登基大赦天下，徐渭在身陷囹圄七年后方得以恢复人身自由。

徐渭字文长，他初字文清，后改字为文长，自号青藤道人。为什么会发疯杀妻呢？据清人顾景星《白茅堂集》记载：

今日天寒，客有杭人，复道数事。文长之椎杀继妻也，雪天有僮局灶下，妇怜之，假以褒服。文长大詈，妇亦詈。时操棹收冰，怒掷妇，误中。妇死，县尉入验，恶声色，问棹字作何书。文长笑曰："若不知，书生未出头地耳。"盖俗书棹作生（gǎ）也。尉怒，报云用生杀。文长遂下狱。他日太守出素罗帏，令书艳句。文长箕踞咄咄。太守怒，戒勿与食。文长即不食，就柱下蠹木，日啮方寸而已。旬日颜色如常。其后御史欲出文长，虑狱词久具。一老吏云：改"用生"作"甩生"，便属误杀。盖俗书抛作甩也。文长遂得出。

从顾景星的记载来看，徐渭杀继妻张氏，属于误杀。县尉所书写的行凶工具玍，实际上是收冰的桲，而在冯梦龙等人的笔下，工具又变成了铁"椎"。其实，无论是徐渭之后的冯梦龙，还是更晚一些的清人顾景星都不会亲历当时那桩惨案。所以，很可能他们记载的都不是准确的。民间之所以出现了多种传闻，主要在于徐渭杀妻事件的影响极大。当然，在这里我们无意考据徐渭杀妻的行凶工具究竟是什么。我们要用心思考：徐渭怎么会杀妻呢？

在徐渭的晚年，他在《畸谱》中极其简略地回应了当年那不堪回首的一幕："病易，杀张下狱。"徐渭所说的"易"就是"癔"。也就是说徐渭当时患了癔症，在神经错乱精神恍惚的情况下失手把妻子杀死了。

那么，徐渭又怎么会罹患癔症呢？原来这徐渭遭受了太多的不幸。可以说，徐渭出身好，但是经历不好；天资聪颖，但是遭遇不幸；有雄心壮志，但是生不逢时，没有找到施展个人才能的机会。

徐渭出生在会稽山阴的一户世家大族。会稽山阴就是今天浙江省的绍兴市，是有名的江南历史文化圣地。王羲之的天下第一行书《兰亭集序》就是在"会稽山阴之兰亭"写成的。出生在钟灵毓秀之地、富贵乡宦之家是徐渭的幸运。但是，徐渭出生时他的父亲已至垂暮之年。就在徐渭出生百日这一天，他的父亲就因年迈而病逝。尽管父亲去世，徐渭的母亲和哥哥却对他疼爱有加。而年幼的徐渭也没有辜负亲人的厚望，较早地表现出了极聪颖的天资。他的老师曾经给他的文章作批："小子能识文义，且能措词，可喜可喜。为其师者，当善教之，务在多读古书，期于大成，勿徒烂记程文而已。"

随着小徐渭一天天长大，他的不幸遭遇也接踵而至。先是徐家破产，接着嫡母去世。不仅如此，徐渭的才华虽然早已显露出来，但是他在接下来的九次科举考试中全都落第。一次次失败，让徐渭心灰意冷。嘉靖四十年（1561），四十一岁的徐渭又一次在科举考试中名落孙山。于是，徐渭决定不再参加科举考试，并且作了一首诗抒写内心的颓丧。"十谒九不荐，那能长作儒。江光凌弃璧，关色黯归孺。薇蕨求新主，羹汤问小姑。风雷亦何限？终是恼凡鱼。"

随着九品中正制逐渐被科举制所代替，读书人一般都是通过科举考试来求取功名，实现自己的理想抱负。在明代，科举考试分为四个级别，分别是院试、乡试、会试、殿试。院试这一级别是童试中最后、最关键的考试，一般由县一级长官主持。院试考试通过者被称为秀才，也叫生员。院试考试结果一般分六等，只有第一等、第二等才有资格参加更高一级的考试，也就是乡试。在乡试中考中的是举人。只有考中了举人才具有做官的资格。徐渭在历次科考中，第一次连秀才也没有考中，连参加乡试的资格也没有捞到，第二次虽经过复试勉强考上了秀才，但是自此之后，他屡试不中，一直名落孙山。

当然，科考失意并不能说明徐渭没有真才实学。这或许与当时的八股取士有关。八股文每篇文章均按一定的格式、字数由破题、承题、起讲、入题、起股、中股、后股、束股八部分组成。考试的题目出自"四书""五经"，内容要以朱熹的《四书章句集注》为依据，考生不得自由发挥、越雷池半步。或许是因为徐渭没有严格按照八股文的要求作答，所以连续参加科举，接连落第。科考落第没有功名不仅难以实现自己修身、齐家、治国、平天下的理想，而且让自己身心俱疲，精神肉体遭受双重折磨。徐渭在三十二岁时再次落第后将自己的遭遇与潘岳相比，作《涉江赋》以泄愤。

在《涉江赋》序言中，徐渭写道："晋潘岳作《秋兴赋》，序称三十有二岁，始见二毛。时岳为贾充掾，寓直散骑之省，见省中多富贵人，乃起归来之想。及作《闲居赋》，自述多落而少迁，以见拙宦，虽卒归退休，然合前赋而观之，诚见其嗜醇醲而姑言寂寞也。嘉靖壬子秋，余年亦三十有二，既落名乡试，涉江东归，友人顾予鬓曰：'子发白矣。'余诚惧理道无闻而毛发就衰，至于进退之间，实所不论，虽才不逮潘岳，而志或异焉，乃作《涉江赋》以自见。"

他想到潘岳三十二岁有了白头发，而自己三十二岁落第也有了白头发。回到家中，他回想过往并细致描绘了自己内心的悲苦。"曷知小子，不禀其缺，年三十二，形则六八。又予视发，玄绸白希，远窥不得，逼视始知。不审其变，在何岁时，岂以兹秋，谓予忧为。"

科举道路不通，如何实现自己齐家报国的愿望呢？徐渭还想到了另一条路，那就是立功。他很早就曾向当地非常有名的武举彭应时拜师学习过武术。当然，跟彭应时学习练就的不仅仅是武艺等军事才能，在耳濡目染中徐渭也收获了感动。他在《彭应时小传》中这样记载："彭应时，山阴人，始以文敏为生员。既以侠败，乃用武，中武科，为镇抚，又以亢被黜，家居困郁甚。久之，都御史王公忭来镇浙，知其材，檄使练士。会参将卢镗自松江击走萧显，公令应时截诸海塘乍浦，为贼所掩，乃奋斗，被创堕马死。死之时，犹怪骂其马前卒促使己脱身走者。应时性聪敏，能诗文，材力武技，一时盖乡里中，而驰射尤妙，几于穿叶。少年时使气，人莫敢忤。至是，善抚士卒，士卒且乐为之用，而竟以败死，命也夫！"

在明代，"国防治安"比较严峻。不仅北有边患，沿海一带还时有倭寇出没。徐渭以炽热的爱国之情在胡宗宪、俞大猷等将帅的幕府中积极出谋划策，显现出了杰出的军事才能。

胡宗宪被捕入狱后不久就死在了狱中，这对徐渭的刺激很大。因为他清楚明代的特务统治和思想禁锢实在太严酷。怎么办？胡宗宪之死不仅让他的生活没有了着落，还有可能受到牵连。于是徐渭在胡宗宪死后开始装疯卖傻。但是，长时间生活在虚伪的世界里，人有时也会变得疯狂烦躁。想想自己百日丧父、九试不第，加上特务统治、政治高压，徐渭真的发了疯。他为自己写下了墓志铭准备自杀。他在《自为墓志铭》

中这样写："山阴徐渭者，少知慕古文词，及长益力。既而有慕于道，往从长沙公究王氏宗。谓道类禅，又去扣于禅，久之，人稍许之，然文与道终两无得也。"

他还说自己地位卑贱而又傲慢迂腐，因为不拘小节而导致别人认为自己傲慢自大轻率无礼。最终，求取功名的"干禄文字"荒废，八次参加乡试考试却没有一次考中。于是，从经史诸家中博览群书广泛汲取，但又只能在冷僻简陋的巷子里租几间小屋聊以度日。又想到被少保胡宗宪公邀请至幕府的前前后后。于是，徐渭走上了他的自杀之路。徐渭自杀的方式与众不同，他不是选择一死了之，而是要在死亡之前极其残忍地残虐自己的肉体。但是，他几次惊悚残酷的自杀行为都没有成功，最后都活了过来。在经历了自杀失败之后，他想，走向死亡是不是也像他科考之路那么难呢？于是写下了《感九诗》："负疴知几时，朔雪接炎伏，亲交悲诀词，匠氏已斤木。九死辄九生，丝断复丝续，岂伊眇德躯，而为神所笃？就榻理旧编，扶衰强粱肉，纳策试翱翔，渐可征以逐。天命苟未倾，鬼伯谅徒促。"

虽自杀未能成功，但徐渭自此变得更加疯癫恍惚。直至因"病易"杀妻入狱后才开始冷静地思考人生。

徐渭在狱中一待就是七年。经多方营救，又适逢新皇帝登基大赦天下，他才重获自由。出狱后，徐渭又应邀来到了宣化府做了宣化巡抚吴兑的幕僚。在宣化，他向巡抚吴兑提出了重视军需、支持边境贸易等极具针对性的建议。虽然吴兑一直待之以上宾，但是徐渭有自己向往的自由，半年之后，徐渭谢绝了巡抚吴兑的挽留，离开了宣化。

徐渭虽九试不第，没有获取一丁点功名，但是在达官贵人面前，他始终坚持自己独立的人格尊严和道德操守。早在胡宗宪府任幕僚时，徐渭就曾提出要求让胡宗宪待以贵宾，而不可视为下属。在胡宗宪承诺之后，徐渭才入府为抗倭谋略。在胡府任幕僚时，他还曾写了一首《白鹇》

诗来抒写内心。"片雪簇寒衣，玄丝绣一围。都缘惜文采，长得侍光辉。提赐朱笼窄，羁栖碧汉违。短檐侧目处，天际看鸿飞。"

这是一首托物言志诗。在诗中，徐渭以胡宗宪所赠的白鹇自喻，想要飞向自由的天空，而眼下的总督府却像是一个狭隘的牢笼限制了他的自由。

嘉靖年间，王世贞独霸文坛之时，徐渭也没有丝毫降低自己的人格去阿附于王世贞。对此，钱谦益曾在《列朝诗集小传》中记载："徐文长独深愤之，自引傲僻，穷老以死，终不入其牢笼。"他要走向真正属于自己的天空，他要寻求真正属于自己的自由。

别有胸襟洒落

东晋诗人陶渊明曾经任彭泽县令八十多天。陶渊明出去做官是很无奈的，因为"余家贫，耕植不足以自给。幼稚盈室，瓶无储粟，生生所资，未见其术。亲故多劝余为长吏，脱然有怀，求之靡途。会有四方之事，诸侯以惠爱为德，家叔以余贫苦，遂见用于小邑。于时风波未静，心惮远役。彭泽去家百里，公田之利，足以为酒，故便求之"。但是，因为不愿"为五斗米折腰，拳拳事乡里小人"，他又毅然决然辞去了彭泽县令而归隐田园。在《归去来兮辞》中，他真切地表达了"久在樊笼里，复得返自然"的逍遥和欢快。他在"引壶觞以自酌，眄庭柯以怡颜"的过程中写下了多首《饮酒》诗。其中一首是这样的："结庐在人境，而无车马喧。问君何能尔？心远地自偏。采菊东篱下，悠然见南山。山气日夕佳，飞鸟相与还。此中有真意，欲辨已忘言。"

陶渊明辞官回家后既远离了官场的喧嚣，也不受尘俗的烦扰，可以尽情地享受田园的乐趣，也可以细细地品悟人生的真意。在这首诗中，我们看到了一个南山采菊、超尘脱俗、品行高洁、卓然独立的人。

陶渊明是一个追求自由的人。他决不甘心受官场的束缚，他勇于寻求人格的独立和心灵的自由。他深深影响了一代又一代文人。在唐代，深受陶渊明影响的一代诗仙李白也在自己的诗歌中吼出了"安能摧眉折腰事权贵，使我不得开心颜"。徐渭也深受田园诗人陶渊明的影响。他曾经自题一联："脱屣尘缘，别有胸襟洒落；结庐人境，不妨车马喧阗。"

徐渭自己题写了很多副对联，而这一副对联可以说是他洒落纯净人格的写照。因为其本身就是一个胸襟洒落、积极寻求真我、追求人格独立的人。

在历经科考失利后，徐渭"放浪曲蘖，恣情山水"。他读书、绘画、作诗、交友，自得其乐。当然，在徐渭的朋友圈中有文人才子，也不乏达官贵人，其中包括巡按御史兵部尚书胡宗宪、礼部尚书李春芳、文坛盟主王世贞、隆庆状元张元忭等人。"君子坦荡荡，小人长戚戚。"徐渭虽然科考失利，没有取得为官的资格，但是，无论与谁交往，他总是胸襟洒落、内心坦荡，无论在什么处境中，都能够保持人格的独立，坚守自己的尊严。在即将到胡宗宪手下任幕僚时，他向胡总督提出：你要我入幕为幕宾，应以宾礼相待，不能视为下属。有人说，这徐渭太狂妄。的确，不狂妄就不是狂生小子徐文长！这狂妄的背后站着一个有个性、有骨气、有独立人格的人！

张元忭是徐文长的好朋友，后来在隆庆五年中了状元。在徐渭入狱后他曾经出谋划策竭力营救好友。出狱后，徐渭曾多次住在张元忭的家里。张元忭也时常劝导徐渭不可率性乖乱、不顾礼法。但是徐渭是一个反对礼教束缚、遵从内心、崇尚自由的人。他怎么会成为礼法的奴隶呢？对此，他大呼：你动辄搬出什么礼法来束缚我，简直等于用零刀碎割我的肉。徐文长一生胸襟洒落，他"性不喜对礼法士，所与狎者多诗侣酒人，亦复磊落可喜者，人与谈，辄称佳"。

"竹林七贤"之一的阮籍十分憎恶世俗礼教对个人的限制。据《晋书·阮籍传》记载，他在平时会用两种眼神示人。遇到尊敬的人或者喜欢的事，他就用青眼正视；而"见礼俗之士，以白眼对之"，以示憎恶。宋代诗人黄庭坚在《登快阁》中有诗云："朱弦已为佳人绝，青眼聊为美酒横。"

徐渭和阮籍一样，也用青眼和白眼对人。徐渭回到山阴后，山阴县令刘尚之曾带着随从等一干人马前呼后拥，鸣锣开道，去拜访徐渭。徐渭愣是闭门不见，还写了一首题为《山阴景孟刘侯乘舆过访，闭门不见，乃题诗素纨致谢》的诗转给刘景孟。"传呼拥道使君来，寂寂柴门久不开。不是疏狂甘慢客，恐因车马乱苍苔。"

不管对谁，徐渭都会遵从自己的内心，保持胸襟洒落、人格独立，不会对任何权势折腰谄媚。徐渭在胡宗宪手下做过幕僚，他与总督约定"若欲客某者，当具宾礼，非时辄得出入"。因生活所迫，他也曾到礼部尚书李春芳手下出任幕僚。不久，他就发现李春芳不仅颐指气使官气十足，还常常把手下所聘幕僚视为奴仆，在那里完全没有了自己的自由。于是，他不顾威胁愤而辞聘回家。在这一点上，徐渭与陶渊明辞官归隐田园时的率性洒脱何其相似。

徐渭一生结了三次婚，都是入赘做了上门女婿。嘉靖二十四年（1545）对徐渭来说是非常不幸的一年。这一年他二十五岁，妻子潘氏生下长子不久后病逝，哥哥又在炼丹中丧生，徐家的家产也被无赖抢占。徐渭的生活一下子陷入了窘境。两年后，他搬出了潘家，在外租赁了一处房屋开馆授徒以维持生计。他将学堂的名字拟定为一枝堂。在一场雪后，他站在一枝堂前赋诗抒写内心的抑郁："混混无穷处，茫茫不可知。翻思潜岳顶，仙去欲何之？"

这是处于困境中的徐渭的真情流露。"混混无穷处，茫茫不可知。"生活无着，情绪低落至极。这会让我们想到苏轼的《江城子》。苏轼的妻子王弗二十七岁时就不幸去世了，一转眼已有十年。在梦中又见到爱妻王氏，苏轼内心是怎样的悲痛呢？于是提笔写下了"有声当彻天，有泪当彻泉"的悼亡词。"十年生死两茫茫，不思量，自难忘。千里孤坟，无处话凄凉。纵使相逢应不识，尘满面，鬓如霜。夜来幽梦忽还乡，小轩窗，正梳妆。相顾无言，惟有泪千行。料得年年肠断处，明月夜，短松冈。"

在妻子潘氏去世十年后，徐渭也作了一首《内子亡十年因感而作》来悼念他的妻子。"黄金小纽茜衫温，袖摺犹存举案痕。开匣不知双泪下，满庭积雪一灯昏。"

徐渭是重情重义的才子，是胸襟洒落的士人，是忠于内心、寻求真我的人。他在读书创作中经常流露出对古代高洁之士的钦佩和追慕。庄子对徐渭影响很大。在晚年意识到自己的生命即将走到尽头，徐渭开始着手撰写《畸谱》。他将自己称为"畸人"很大程度上受《庄子》影响。他将自己比作《庄子》中的那些特立独行、拒绝流俗的人。他还在《读庄子》一诗中表达对庄子其人的钦佩。"庄周轻死生，旷达古无比。何为数论量，生死反大事？乃知无言者，莫得窥其际。身没名不传，此中有高士。"

徐渭作文没有固定章法，"师心纵横，不傍门户"；徐渭作画随意涂抹，"从来不见梅花谱，信手拈来自有神"。他"眼空一切，独立千古"，他不重形似而求神韵。正如李贽所说："其胸中有如许无状可怪之事，其喉间有如许欲吐而不敢吐之物，其口头又时时有许多欲语而莫可所以告语之处。蓄极积久，势不能遏。一旦见景生情，触目兴叹，夺他人之酒杯，浇自己之垒块，诉心中之不平，感数奇于千载。"

这就是他一生的写照。一个寻求真我的人，一个胸襟洒落的人。

独立书斋啸晚风

徐渭是一个天才，他能过目不忘，日诵千言。他与翰林学士解缙和状元杨慎并称"明代三大才子"。徐渭是著名的诗人、画家、书法家，也是著名的文学家和军事家，在戏剧创作方面也有很深的造诣。当他看透了官场的黑暗和仕途对个人的束缚后，便毅然回乡发誓不再入官场之樊篱。他一生胸襟洒落，向往人格的独立和精神的自由。

据《明史》记载，徐渭才华横溢、智慧超群，不仅诗文在当时无人可与之媲美，其草书、花草竹石画也远超常人。对自己在书法、绘画和文学等方面的成就，徐渭曾经这样排序："吾书第一，诗次之，文次之，画又次之。"对此，袁宏道不以为然，他在自己撰写的《徐文长传》中这样评价："先生诗文崛起，一扫近代芜秽之习，百世而下，自有定论，胡为不遇哉？梅客生尝寄余书曰：'文长吾老友，病奇于人，人奇于诗。'余谓文长无之而不奇者也。无之而不奇，斯无之而不奇也悲夫。"

徐渭有明朝第一奇人之称。在《徐文长传》中，袁宏道转述梅客生的话，指出徐渭的书法、诗歌、文学、绘画堪称四奇。其实，梅客生不仅告诉袁宏道徐渭"病奇于人，人奇于诗"，还曾有"诗奇于字，字奇于文，文奇于画"的评价。也就是说，他们都认可徐渭的成就。但是与徐渭自己所说的不同之处在于，他人认为文长的成就按照排序应该是诗、字、文、画，而不是文长自己说的字、诗、文、画。

徐渭在诗歌方面成就很高。因为他一生向往自由不甘受任何束缚，加上他行走大江南北见识广博，所以写下来许多好诗。在他的画作中，徐渭随手题写在画侧的诗句也多为妙语。他把绘画和题诗当成了一种吐露心声的方式。如在《题墨葡萄诗》中他提笔就来："半生落魄已成翁，独立书斋啸晚风。笔底明珠无处卖，闲抛闲掷野藤中。"

"半生落魄已成翁，独立书斋啸晚风。"这已经成为他晚年生活的真实写照。试想，一个才华横溢的知识分子科考失利，一生历经不幸，而今落魄成翁壮志未酬，这是何等地凄凉。到头来只能孤孤单单地"独立书斋"靠卖字画为生。

他在《水墨牡丹》中也题诗泄愤："五十八年贫贱身，何曾妄念洛阳春。不然岂少胭脂在，富贵花将墨写神。"

在这里，徐渭将自己比作牡丹。牡丹素有"花王"之称，被人看作是富贵的象征。而反观自己呢？虽然满腹经纶，才华超群，但是却一生落魄贫贱与富贵无缘。这样的诗带有极大的讽刺意味。了解他的人是能够读懂的，但是不了解他的人却会这样评价他的诗"句句鬼语，李长吉之流也"。而袁宏道则认为徐渭的诗"匠心独出，有王者气"，给予了高度评价。"文长既已不得志于有司，遂乃放浪曲蘖，恣情山水，走齐鲁燕赵之地，穷览朔漠。其所见山奔海立、沙起云行、风鸣树偃、幽谷大都、人物鱼鸟，一切可惊可愕之状，一一皆达之于诗。其胸中又有勃然不可磨灭之气，英雄失路，托足无门之悲。故其为诗，如嗔如笑，如水鸣峡，如种出土，如寡妇之夜哭，羁人之寒起。虽其体格，时有卑者，然匠心独出，有王者气，非彼巾帼而事人者所敢望也。"

不仅如此，袁宏道也非常看好徐渭的文。他认为文长"文有卓识，气沉而法严，不以模拟损才，不以议论伤格，韩曾之流雅也，文长既雅不与时调合，当时所谓骚坛主盟者，文长皆叱而奴之"。

徐渭在生活中主张追求真我，拒绝一切羁绊。在诗文创作过程中，他也主张抒写真性情，要用自己的真情实感去创作，而不应该一味模仿古人失去了自我。他认为情感是诗歌的生命和灵魂，失去了自己的情感，诗文也就没有了存在的价值和意义。

他在《肖甫诗序》说："古人之诗本乎情，非设以为之者也。是以有诗而无诗人。迫于后世，则有诗人矣。乞诗之目多至不可胜应，而诗之格亦多至不可胜品，然其于诗，类皆本无是情，而设情以为之。夫设情以为之者，其趣在于干诗之名。干诗之名，其势必至于袭诗之格而剿其华词。审如是，则诗之实亡矣！是之谓有诗人而无诗。"

他还将刻意摹写他人的行为比喻成鸟学人语。他在《叶子肃诗序》中直言："人有学为鸟言者，其音则鸟也，而性则人也；鸟有学为人言者，其音则人也，而性则鸟也。此可以定人与鸟之衡哉？今之为诗者，何以异于是？"如果只是刻意去摹仿而没有自己的真情，即使学得极像也就如鸟在学人说话一样。

在杂剧方面，徐渭创作的《四声猿》在杂剧史上占有重要的地位，曾被视为明曲第一。"宁特与实甫、汉卿辈争雄长，为明曲之第一，即以为有明绝奇文字之第一，亦无不可。"《四声猿》包括《狂鼓史渔阳三弄》《玉禅师翠乡一梦》《雌木兰替父从军》《女状元辞凰得凤》四部杂剧。

据《世说新语》记载："桓公入蜀，至三峡中，部伍中有得猿子者。其母缘岸哀号，行百余里不去，遂跳上船，至便即绝。破视其腹中，肠皆寸寸断。公闻之怒，命黜其人。"古人在途经三峡时往往会想到猿丧子悲啼哀鸣而断肠的典故。王昌龄贬官龙标尉途中作《卢溪别人》诗有云："行到荆门上三峡，莫将孤月对猿愁。"杜甫在《秋兴》中也曾感慨："听

二　胸襟洒落徐渭

猿实下三声泪，奉使虚随八月槎。"徐渭根据民歌传说"巴东三峡巫峡长，猿鸣三声泪沾裳"和"巴东三峡猿鸣悲，猿鸣三声泪沾衣"，将杂剧命名为《四声猿》。在《狂鼓史渔阳三弄》中，他将历史故事重新虚构，让祢衡和曹操在阴间相遇，痛骂曹操。最后，祢衡被玉皇大帝召为修文郎，而曹操则被打进地狱永世不得翻身。在《雌木兰替父从军》和《女状元辞凰得凤》中，徐渭也大胆构想将传说和现实结合，创作出了深受百姓喜爱的人物和选段。钟人杰在《四声猿引》中直言："文长终老缝掖，蹈死狱，负奇穷，不可遏灭之气，得此四剧而少舒。所谓峡猿啼夜，声寒神泣。嬉笑怒骂也，歌舞战斗也，僚之丸、旭之书也，腐史之列传、放臣之《离骚》也。顾其词，风流则脱巾啸傲，感慨则登楼怅望，幽幻则冢土荒魂，刻画则地狱变相，较之汉卿、实甫作喁喁儿女语者，何啻千里？"

钟人杰认为徐渭的《四声猿》可以与司马迁的《史记》、屈原的《离骚》相媲美，其价值甚至超过了关汉卿和王实甫的杂剧。钟人杰的这一评价并不过分。徐渭在明杂剧史的确占有重要的一页。不仅如此，他还创作了《南词叙录》专论南戏，对研究宋词与南戏、南戏与元杂剧的关系提供了非常有价值的参考资料。

在书法和绘画方面，徐渭的造诣也极高。他在《题墨葡萄诗》中所题诗字势跌宕、行次欹斜，看似柔弱实则苍劲，既圆浑又坚挺，在字的背后显现着一个磊落君子的形象。

徐渭晚年独立书斋，喜欢笔走龙蛇，在浓淡水墨中寄意，在闲抛闲掷间慰藉自己。袁宏道在《徐文长传》中记道："（文长）喜作书，笔意奔放如其诗，苍劲中姿媚跃出，欧阳公所谓妖韶女老自有馀态者也，间以其馀，旁溢为花鸟，皆超逸有致。"

徐渭还从书功、书致、书法、书原、书评等方面提出了一整套书法理论。他在《玄抄类摘序》中这样说："自执笔至书功，手也；自书致至书丹法，心也；书原，目也；书评，口也。心为上，手次之，目口末矣。

余玩古人书旨，云有自蛇斗、若舞剑器、若担夫争道而得者，初不甚解，及观雷大简云，听江声而笔法进，然后知向所云蛇斗等，非点画字形，乃是运笔，知此则孤蓬自振，惊沙坐飞，飞鸟出林，惊蛇入草，可一以贯之而无疑矣。惟壁拆路，屋漏痕，折钗股，印印泥，锥画沙，乃是点画形象，然非妙于手运，亦无从臻此。"

徐渭提出无论是进行书法创作还是评论书法作品都要手、心、眼、口并用。这对书法创作和书法理论研究都有重要指导意义。

在绘画方面，徐渭起步比较晚，但是成就相当大。在明代，画家一般偏重临摹。而他卓然独立，一反传统，大胆革新，用水墨大写意绘花卉，开创出了青藤画派。在《墨葡萄》中，徐渭恰到好处地发挥了中国水墨画的技巧，用墨浓淡合宜，整体安排错落有致，完美地体现徐渭的画风和成就。

有人说画状可形之象，诗写难画之意。而在徐渭的作品中，诗、文、书、画已形成一个完美统一、不可分割的整体。正如宗白华所言，诗和画的圆满结合（诗不压倒画，画也不压倒诗，而是相互交流交浸），就是情和景的圆满结合，也就是所谓艺术意境。

徐渭说自己书一、诗二、文三、画四。但是也有人说徐渭的四奇中，绘画应该是第一。对此，周亮工直言："青藤自言书第一，画次，文第三，诗次，此欺人语耳。吾以为《四声猿》与草草花卉俱无第二。"

徐渭在追求真我、拒绝樊篱的同时为后人留下了大量的诗文书画作品。他虽一生窘迫，却对后世影响深远。清代扬州八怪之一的郑板桥极其尊崇徐渭，还曾刻有一章——徐青藤门下走狗郑燮，以私淑徐渭而感到无上荣耀。艺术大师齐白石在提到徐渭时也是推崇备至，他曾直言："恨不生三百年前，为青藤磨墨理纸。"不仅如此，齐白石还作有一诗流露出对徐渭的钦慕："青藤雪个远凡胎，老缶衰年别有才。我欲九原为走狗，三家门下转轮来。"

我以我血荐轩辕

鲁迅曾写过一首《自题小像》，吐露蓄积在内心的爱国之志。诗的后两句是这样的："寄意寒星荃不察，我以我血荐轩辕。"意思是要把自己赤诚的爱国情感寄托于天上的寒星，即使不被人理解也誓将自己的一腔热血报效祖国。可见鲁迅内心矢志不渝的爱国之情和准备为国捐躯的报国之志。

历史上有一些爱国之士，即使临终前还念念不忘祖国和民族大业。比如南宋的爱国诗人陆游。他在临终前给儿子立下的遗嘱就是著名的《示儿》——"死去元知万事空，但悲不见九州同。王师北定中原日，家祭无忘告乃翁。"这是陆游的绝笔，当时陆游已经八十五岁了。在临终前，他仍然惦念着祖国统一大业，其家国情怀可见一斑。

其实，徐渭尽管是一个文人，他也心怀天下，情系苍生。在万历二十一年（1593），徐渭生活无着、贫病交加。最后在"几间东倒西歪屋，一个南腔北调人"的境遇中结束了自己传奇的一生。据说，他死前孤苦伶仃、非常凄惨，儿子也不在身边，只有一条狗与他相伴。

就在徐渭去世的这年春天，他最疼爱的小儿子徐枳随提督李如松追击倭寇，在朝鲜收复了原来被倭寇占领的江原、平安等重要城市，取得了抗倭援朝的重大胜利。当徐枳将抗倭胜利的消息通过书信告知父亲时，徐渭高兴至极，旋即赋《春兴》一首抒写内心的欢畅。"胡烽信报收秦塞，夷警妖传自赣州。十万楼船指瓯越，结交邻国且琉球。不臣赵尉终辞帝，自王田横怕拜侯，儿岛弹丸髡顶物，敢惊沙上一浮鸥。"

也许徐渭已预知自己即将走向生命的终结。他清楚自己再也无力亲自上战场去收复失地。他全然不顾自己贫病交加的生活困境，依然对抗倭战争充满必胜的信心，觉得还可以为抗倭的胜利摇旗呐喊。

我们知道，年轻的时候，徐渭早就立下报国之志，向绍兴当地的武举彭应时拜师学武。后来，他进入胡宗宪的幕府，多次为俞大猷抗倭战争出谋划策，为确切地探知倭寇军情，他甚至亲自去侦察。在宣化，他针对实情，向巡抚提出加强军需、鼓励边贸往来。他是诗文书画成就卓绝的奇才，还是有着杰出军事才能的奇才，因为他的内心一直燃烧着炽热的爱国激情，他心系天下苍生，他将保家卫国、驱除倭寇视为己任，他尽己之全力救生民于水火之中。

"儿岛弹丸髡顶物，敢惊沙上一浮鸥。"就像鲁迅当年呐喊的一样，徐渭也是要"我以我血荐轩辕"的。就像陆游临终前期盼的那样，终有一日"王师北定中原"，徐渭对国家大业、对抗倭胜利始终充满信心。

三 绝假纯真李贽

寂寞童心

被谭嗣同誉为"后王师"的近代启蒙思想家宋恕在历经维新变法的失败后，一度消沉低落，遂转至杭州读书任教。他在读到吉田松阴的著作后感慨万千，于是提笔写下一首《读松阴〈幽室文稿〉》绝句："李氏微宗世莫传，荒凉谁复问遗编？何期海外高人赏，从此卓吾万万年！"

读到这首诗我们不禁会想：吉田松阴的《幽室文稿》是一部什么书呢？梁启超在变法失败后亡命日本。他在给日本明治维新时期政治家品川弥二郎的信中也曾提及这本书："启超昔在震旦，游于南海康先生之门。南海之为教也，凡入塾者皆授以《幽室文稿》，曰：'苟志气稍偶衰落，辄读此书，胜于暮鼓晨钟也。'"可见，《幽室文稿》在当时影响之大。

吉田松阴是日本明治维新运动的先驱。他在思想上深受李贽的影响，在他的著作中也闪耀着李氏思想的光芒。他在《己未文稿》中曾经写道："卓吾居士一世之奇男子，其言往往与仆之心合，反复甚喜。"他还说："顷读李卓吾之文，有趣味之事甚多，《童心说》尤妙。""抄李氏《藏书》，卓吾之论大抵不泄，谁不一读而不与吾拍案叫绝者哉！"

那么，李卓吾又是谁？

李卓吾就是李贽，卓吾是他的号。他是中国近代化转型初期的思想巨人，是走在时代最前列的先知先觉者，是"秉千秋之独见，悟一性之孤明"的最孤绝的理性主义者，是"中国人中罕见的典型"（利玛窦语），是明代倔强、寻求自由、寻求真我的人。

李贽，原名林载贽，嘉靖六年（1527）生在福建泉州的一个"航海世家"。林载贽本姓李。洪武年间，林载贽的先祖李驽航海西洋，娶了一个阿拉伯女子，在当时看来，李驽的行为就是大逆不道。于是，李驽被逐出家门，而且不许姓李。于是，李驽改姓为林，李驽成了林驽。据《荣山李氏族谱》记载，李驽"奉命发舶西洋，娶色目人，遂习其俗，终身不革，今子孙繁衍，犹不去其异教"。身为长子，林载贽很早就随父亲辗转海上谋生。但是，当时的海禁政策又让世代以航海经商为业的林家生活拮据。自林载贽的父亲起，林家就被迫选择读书科考的传统正道。由于天资聪颖，加之又极用功好学，林载贽在二十六岁时就考中了举人，有了功名，也不会辱没先人，于是林载贽认祖归宗改回李姓。

考中举人后，在嘉靖三十五年（1556），李贽被任命为河南共城儒学教谕。远赴河南为官，这是李贽始料未及的。他原本想着能够在离家乡比较近的江南一带为官，谁承想要到万里之外赴任。而就在这一年，他的长子因病夭折。在河南为官五年后，李贽被擢升到南京国子监任职。到南京不久，李贽的父亲去世。于是，他又回泉州丁忧。在《焚书·卓吾论略》中，他记载了初次为官的感受："吾初意乞一官，得江南便地，不意走共城万里，反遭父忧。虽然，共城，宋李之才宦游地也，有邵尧夫安乐窝在焉。尧夫居洛，不远千里就之才问道。吾父子倘亦闻道于此，虽万里可也。且闻邵氏苦志参学，晚而有得，乃归洛，始婚娶，亦既四十矣。使其不闻道，则终身不娶也。余年二十九而丧长子，且甚戚。

夫不戚戚于道之谋，而惟情是念，视康节不益愧乎！"

三年服丧期满，李贽在北京候官缺。一直到嘉靖四十三年（1564），他才候得一个北京国子监博士的职位。但是，刚刚到任没几天，又接到祖父去世的噩耗。而就在同一天，李贽的次子也因病而亡。于是，李贽将妻子和三个女儿安置在河南共城，自己回泉州奔丧。在回泉州处理丧事的这段时间里，他的二女儿和三女儿又接连饿死。这一连串的打击，似乎注定了李贽仕途的惨淡凄凉。他的好友孔若谷得知李贽的不幸后作诗感叹道："人生岂不苦？谁谓仕宦乐？仕宦若居士，不乃更苦耶！"

李贽是一个桀骜不驯、十分强调自我意识的人。但是，他还是尊奉儒家礼教，又为祖父丁忧三年。他此后在礼部和刑部为官十年，又在云南姚安任知府三年。在姚安知府任上，李贽撰写了一副对联，可以说是他仕途的写照："听政有余闲，不妨譬运陶斋，花栽潘县；做官无别物，只此一庭明月，两袖清风。"

在任姚安知府之前，李贽的仕途可以说是十分惨淡，而且还接二连三地失去亲人。在任姚安知府三年后，李贽很有希望得到升迁的机会。但是，就在官运亨通、仕途大顺的时候，他却辞官而去。李贽开始著书立说、讲学论道，之后又削发为僧。在人生的道路上，李贽为什么会陡然转变？在《圣教小引》中，他自己说明了一切，他说："余自幼读圣教不知圣教，尊孔子不知孔夫子何自可尊，所谓矮子观场，随人说妍，和声而已。是余五十以前真一犬也，因前犬吠形，亦随而吠之。若问以吠声之故，正好哑然自笑也已。"

李贽直言自己五十以前就像一条狗！为什么呢？因为李贽清醒地认识到处在仕宦之中的人是没有真正属于自己的自由的。没有独立的人格，没有人的尊严，人活着不就像一条狗吗！真是奇人奇语。至此，李贽想要挣脱仕宦的牢笼，他要远离非人的处境，他要找回真正的自己。

李贽是一个思想独立的人。他不受儒、释、道三家思想的束缚。在追求思想自由、人格独立的人生路上，他提出要做真人而不做假人。真人和假人之间的区别就在于有没有"童心"。那么，什么是"童心"呢？在《童心说》中，他直言："夫童心者，真心也。若以童心为不可，是以真心为不可也。夫童心者，绝假纯真，最初一念之本心也。若失却童心，便失却真心；失却真心，便失却真人。人而非真，全不复有初矣。"

"童心"就是真心，就是人在最初未受外界任何干扰时一颗毫无造作、绝对纯真的本心。如果失去了童心，也就失去了真心；失去了真心，也就失去了做一个真人的资格。而人一旦不以真诚为本，就永远丧失了本来应该具备的完整的人格。童心对一个人来说至关重要，每一个人原本都有一颗童心，但是随着人的启蒙，随着阅历的增加有些人的童心逐渐失去了。人如果失去了童心，就会不知美丑，不明善恶。为政者失去了童心，执政管理就会出现混乱；为文者失去了童心，写出的文章就无法畅达。

说得直白些，李贽所说的"童心"就是我们追求的真善美。但是，当时的社会现实却充斥着假恶丑。"夫既以闻见道理为心矣，则所言者皆闻见道理之言，非童心自出之言也，言虽工，于我何与？岂非以假人言假言，而事假事、文假文乎！盖其人既假，则无所不假矣。由是而以假言与假人言，则假人喜；以假事与假人道，则假人喜；以假文与假人谈，则假人喜。无所不假，则无所不喜。满场是假，矮人何辩也？然则虽有天下之至文，其湮灭于假人而不尽见于后世者，又岂少哉！何也？天下之至文，未有不出于童心焉者也。苟童心常存，则道理不行，闻见不立，无时不文，无人不文，无一样创制体格文字而非文者。"

在当时的封建道德教化和专制高压统治下，整个社会"满场是假""无所不假"，李贽提出的"童心说"可以说是一剂救世的良药。但是，在"举世皆浊我独清，众人皆醉我独醒"的现实面前，在"满场是假""无所不假"的包围之中，李贽一个人的清醒也注定了他的孤独。

李贽不仅宣扬自己的"童心说"，还将"童心说"运用到历史研究，并撰写了一部纪传体通史《藏书》。《藏书》最初由好友焦竑刻于南京。李贽在《答焦漪园》中曾直言心中的寂寞和痛苦。"今不敢谓此书诸传皆已妥当，但以其是非堪为前人出气而已，断断然不宜使俗士见之，望兄细阅一过，如以为无害，则题数句于前，发出编次本意可矣，不愿他人作半句文字于其间也。何也？今世想未有知卓吾子者也。然此亦惟兄斟酌行之。弟既处远，势难遥度，但不至取怒于人，又不至污辱此书，即为爱我。中间差讹甚多，须细细一番乃可。若论著则不可改易，此吾精神心术所系，法家传爱之书，未易言也。"

"今世想未有知卓吾子者也。"在政治高压思想、专制特务横行、倭寇肆虐的晚明，李贽的孤独是可想而知的。他也经常为自己的与众不同而苦恼。他还说："古今人情一也，古今天下事势亦一也。某也从少至老，原情论势，不见有一人同者。故余每每惊讶，以为天何生我不祥如此乎？夫人性不甚相远，而余独不同，非不祥而何？"这就是李贽，与俗众不同的李贽，也是内心孤独寂寞的李贽。他要追求思想上的独立，他要在社会混沌中激浊扬清，他要挟"童心"做一个真正的人。

在《石潭即事》一诗中，他对自己不为世俗所容的人生处境这样戏谑："若为追欢悦世人，空劳皮骨损精神。年来寂寞从人谩，只有疏狂一身老。"

著书藏焚续藏焚

在纪念李贽的活动中，著名作家莫言曾经赋诗一首高度评价了李贽的一生。"先生卓然思不群，痛斥道学倡童心。著书藏焚续藏焚，为官清贫复清贫。风盈两袖伤同僚，文无一字袭前人。击柝巡城退倭寇，挺直瘦骨擎千钧。"

"先生卓然思不群，痛斥道学倡童心。"彰显李贽的主要思想"童心说"。"著书藏焚续藏焚"对他的著述予以概括。李贽一生著作等身，最主要的就是《藏书》《续藏书》《焚书》《续焚书》。他曾自称"卓老子一生都肯让人，惟著书实实地有二十分胆，二十分识，二十分才力"。

《藏书》是李贽撰写的一部纪传体通史。在《藏书》中，李贽对盲目推崇圣人之言的儒学教条进行抨击，并且为有争议的历史人物翻案。李贽曾在《与焦弱侯》中交代了写作《藏书》的原由，在"山中寂寞无侣，时时取史册披阅"之时，他认识到"自古至今，多少冤屈，谁与辨雪？故读史时真如与百千万人作敌对"。他对自己的《藏书》有清醒的认识。他说："今不敢谓此书诸传皆已妥当，但以其是非堪为前人出气而已。"

他还特意叮嘱焦竑："'藏书者何？言此书但可自怡，不可示人。'故作书，唤作《藏书》，藏于深山之中。"

《续藏书》对明代大臣进行了分类评述。他将大臣分为十四类，分别是：一、开国名臣，二、开国功臣，三、逊国名臣，四、靖难名臣，五、靖难功臣，六、内阁辅臣，七、勋封名臣，八、经济名臣，九、清正名臣，十、理学名臣，十一、忠节名臣，十二、孝义名臣，十三、文学名臣，十四、郡县名臣。在对各类人物撰述的同时，李贽还对某些人物作了专论。李贽自知自己的思想观点"与世不相入"，因此他说："吾姑书之而姑藏之，以俟夫千百世之下有知我者。"

《藏书》意为要藏之于深山之中。《焚书》则是不容于世，早晚必将被焚烧掉之意。《焚书》和《续焚书》是李贽死后由其门人整理编辑而成，其中包括了李贽生前的书信、杂著、史评、诗文等。李贽的著作显露着反传统、反权威、反教条的独立精神，对后世产生了深远的影响。

李贽明确提出了"六经皆史""经与史相为表里"的说法。他说："经、史一物也。史而不经，则为秽史矣，何以垂戒鉴乎？经而不史，则为说白话矣，何以彰事实乎？故《春秋》一经，春秋一时之史也。《诗经》《书经》，二帝三王以来之史也。而《易经》则又示人以经之所自出，史之所从来，为道屡迁，变易匪常，不可以一定执也。故谓六经皆史可也。"

因为"为道屡迁，变易匪常"，所以李贽要重新写历史。他推崇有为之君，他为秦始皇、汉武帝、曹操、武则天等人翻案。他歌颂富国之臣，他对善于理财并且能够富民富国的管仲、商鞅、李悝等名臣大加赞赏。他追求个性自由，主张婚姻自由，他为司马相如与卓文君的自由恋爱拍手叫好。

在《藏书》中，李贽将司马迁在《史记》中所创立的"本纪"和"世家"体例合并为"世纪"。"世纪"打破了帝王与臣民之间的界限，体现了李贽人人平等的思想。

李贽首先为秦始皇翻案。几千年来，秦始皇一直背负骂名。但是，李贽却认为秦始皇是"千古一帝"。他在《藏书·世纪列传总目》中直言："始皇帝，自是千古一帝也。始皇出世，李斯相之。天崩地坼，掀翻一个世界。是圣是魔，未可轻议。祖龙是千古英雄挣得一个天下。"李贽认为秦始皇焚书坑儒的做法的确残暴，但是秦始皇灭六国统一中国，结束了长期以来的混战局面，是对中国历史做出过重要贡献的一代帝王。他设立郡县，统一货币、度量衡和文字，对中国的政治历史制度和文化发展也具有开创性意义。

他还将失败了的英雄人物写入"世纪"。他要为在历史上产生重大影响的人唱赞歌。李贽专门为农民起义领袖陈胜写了《匹夫首倡》，为悲剧英雄项羽写了《英雄草创》。在李贽的心中，项羽虽未称帝，但也不愧为"千古英雄"。

《藏书》的"列传"也与传统的史书体例有较大区别。李贽将"列传"又分为大臣、名臣、儒臣、武臣、贼臣、亲臣、近臣、外臣八类。他认为大臣是那些有真才实学能够使国家富强的人。一些才疏学浅的人虽然位居大臣之位，但其实是不能称之为大臣的。他说："惟学术之不究，而冒焉以身试之，是以知其决不可耳。且夫骋其材智，恣其胸臆，狃于闻见，骛于虚名。纵幸而成，亦与野战者等也。又安知天下之重，不可以轻掷；侥幸之事，不可以尝试乎？轻掷而屡试之，而屡不悔，彼所谓大贤君子，皆是也。而王介甫、张德远其甚也。介甫不知富强之术，而必欲富强；德远不知恢复之计，而惟务恢复。悲乎！是直以君父为儿戏也矣。"

李贽眼中的王安石不能称之为大臣。因为他"不知其才之不能，而冒焉遽以天下之重自任"。对于熙宁变法，李贽也明确指出了王安石的不足。"欲益反损，欲强反弱，使神宗大有为之志，反成纷更不振之弊，胡

三　绝假纯真李贽

041

为也哉？是非生财之罪也，不知所以生财之罪也。"

李贽认为看历史要具有旷古只眼，不能被前人俗见遮蔽。一些约定俗成的"经史闻见"往往会遮蔽"童心"，让人失去真心。他在《焚书》中曾说："班氏文儒耳，只宜依司马氏例以成一代之史，不宜自立论也。立论则不免搀杂别项经史闻见，反成秽物矣。班氏文才甚美，其于孝武以前人物，尽依司马氏之旧，又甚有见，但不宜更添论赞于后也。何也？论赞须具旷古只眼，非区区有文才者所能措也。"

李贽还热情讴歌婚姻爱情自由。他对相如、文君自由婚配之举极为赞赏。卓文君与司马相如的恋爱故事，在今天已经是家喻户晓的佳话。但是在当时的封建道学家看来，卓文君失身于司马相如是伤风败俗，甚至卓文君的父亲也因为女儿私奔而深感耻辱。而李贽却认为卓文君和司马相如私奔是佳偶天成，是机遇良缘，是对爱情、对幸福的勇敢追求。李贽在《藏书》中直言："方相如之客临邛也，临邛富人如程郑、卓王孙等，皆财倾东南之产，而目不识一丁。令虽奏琴，空自鼓也，谁知琴心？其陪列宾席者，衣冠济楚，亦何伟也，空自见金而不见人。但见相如之贫，不见相如之富也。不有卓氏，谁能听之？然则相如，卓氏之梁鸿也。使当其时，卓氏如孟光，必请于王孙，吾知王孙必不听也。嗟夫！斗筲小人，何足计事！徒失佳偶，空负良缘。不如早自决择，忍小耻而就大计。《易》不云乎：'同声相应，同气相求。'同明相照，同类相招。'云从龙，风从虎'。归凤求凰，安可诬也。"当时李贽敢于冲破理学思想的牢笼给卓文君点赞，堪称卓文君的隔代知音。

李贽是一个思想独立卓然不群的人。为了寻求真我，他敢于冲破封建礼教的束缚，敢于为历史人物翻案，敢于讴歌婚姻恋爱自由。"痛斥道学倡童心"，他以一颗真心看人生看社会；"挺直瘦骨擎千钧"，在追求独立人格的同时书写了属于自己的倔强硬朗。

我愿与世名利徒

　　所谓"天下熙熙，皆为利来；天下壤壤，皆为利往。"司马迁在《史记·货殖列传》中明确地表达了社会经济自由发展的观点，反对过多的行政干预。他说："善者因之，其次利导之，其次教诲之，其次整齐之，最下者与之争。"在今天看来，司马迁的观点很超前，放在当下都有极强的指导意义。

　　在很长一段时间内，小农经济在中国社会占主导地位。董仲舒在大一统后提出"夫仁人者，正其谊不谋其利，明其道不计其功"。到了宋代，张载、程颐等人又提出以义为重、"先义而后利"的主张，更有道学家提出了"存天理，灭人欲"的说法。此后，鲜有人谈"利"。明代明确"海禁"后，重农抑商的思想深入到了士人的骨子里，甚至连蒲州商人王文显也只能在《鉴子书》中告诫自己的后人"利以义制，名以清修，各守其业，天之鉴也"。

　　自明代中叶以来，传统的中国社会正在悄然发生变化，传统经济结构开始裂变，大量手工业和商业市场兴起，商品经济和产业资本的春风吹向大江南北。但是，明政府的政治体制改革却严重滞后，政治高压、思想禁锢、特务横行，让明王朝内忧外患、千疮百孔、处于风雨飘摇之中。

在这种情况下，李贽明确提出了"功利主义"。他在《朔风谣》中对追名逐利大唱赞歌。"南来北去何时了？为利为名无了时。为利为名满世间，南来北去正相宜。朔风三月衣裳单，塞上行人忍冻难。好笑山中观静者，无端绝塞受风寒。谓余为利不知余，谓渠为名岂识渠。非名非利一事无，奔走道路胡为乎？试问长者真良图，我愿与世名利徒，同歌帝力乐康衢。"

李贽非常重视物质生产，他为人们追名逐利做辩护，他从亚圣孟子的言论中获得启迪。孟子曾说："富与贵是人之所欲也。"孟子在这里所说的人是泛指一切人，不仅包括普通人，甚至也包括圣人大贤。因此，李贽提出要"各遂千万人之欲""各遂其生，各获其所愿"，他对董仲舒提出的"正其义不谋其利，明其道不计其功"进行了批判，明确提出"穿衣吃饭即是人伦物理"。

为了使自己的说法更有说服力，李贽到传统经典中找寻答案。在《四书评·大学》中，他如此解读："此篇文字最有条理，当以三言得失处为界限。第一截统言当'絜矩'也。然'絜矩'全在理财。故'先慎乎德'六节，言理财也。然理财又在用人，故'《楚书》曰'七节，言用人也。末后五节，总把用人、理财合说一番。字字精神，句句警策，最为吃紧，最为详明。真正学问，真正经济，内圣外王，具备此书。岂若后世儒者，高谈性命，清论玄微，把天下百姓痛痒置之不问，反以说及理财为浊耶！尝论不言理财者，决不能平治天下。何言？民以食为天，从古圣帝明王无不留心于此者。故知《大学》一书，平天下之底本也。有志者，岂可视为举业筌蹄而已耶！"

的确，民以食为天。现在我们都知道经济是基础，只有解决了吃饭穿衣等最基本的物质需求之后，才有可能谈及其他生活需求。早在几百年前，李贽就认识到了这一点，他从自己家族的兴衰看到了经济的重要性，所以他对航海经商的商人表示了深切的同情。

在中国封建社会，重农抑商的观念根深蒂固。要推动商品经济的发展，就必须首先从思想观念上破除对商人社会地位低下的偏见。他在与焦竑的信中说："且商贾亦何可鄙之有？挟数万之赀，经风涛之险，受辱于关吏，忍诟于市易，辛勤万状，所挟者重，所得者末。"李贽看到了商人的辛苦劳累，也看到了商人经营的风险。在他看来，商人的付出与回报是不成正比的。

针对有些商人有意与官员结交的事实，李贽为他们辩护，说这是无奈之举。他看透了晚明官场政治的腐朽，因而明确指出商人"然必交结于卿大夫之门，然后可以收其利而远其害"。

李贽提倡新的经济秩序，主张自由竞争、公平竞争。虽然自由竞争难免会让一些弱者失败，但是自由竞争可以让社会发展、历史进步。李贽清醒地认识到了商品竞争的优势，所以他说："天与以致富之才，又借以致富之势，畀以强忍之力，赋以超时之识，如陶朱、猗顿辈，程郑、卓王孙辈，亦天与之富贵之资也。是亦天也，非人也。若非天之所与，则一邑之内，谁是不欲求富贵者，而独此一两人耶。"

李贽明确要求统治者要注重理财，提出了"不言理财者，决不能平治天下"的政治经济主张。对北宋名臣王安石，他认为其主观动机是好的，但是具体实施的方法错了。他反对给王安石安上一个"欲以夺民之财"的罪名。他认为："夫安石不知其才之不能，而冒焉遽以天下之重自任。议者不以其才之不足以生财，而反咎其欲以夺民之财，则其所见又在安石下矣。夫安石之于神宗，犹夷吾之于齐，商君之于秦也，言听而计从之矣。然夷吾之行，迨二百余年以至威、宣，犹享其利。商君相秦，不过十年，能使秦立致富强、成帝业者。乃安石欲益反损，欲强反弱，使神宗大有为之志，反成纷更不振之弊，胡为也哉？是非生财之罪也，不知所以生财之罪也。呜呼！！桑弘羊者，不可少也。"在李贽看来，王安石太看重政治对经济的干预，而忽视了市场规律的自身调节。

孔子有一句名言："君子喻于义，小人喻于利。"后来有一些人断章取义将这句话视为圭臬，用以区分君子和小人，其实这明显是对孔子的误读。孔子在这里所说的小人不是道德卑劣之人，而是老百姓。更何况以泛道德论来区分人本身就是不合理的。李贽认为应该抛弃传统意义上的君子小人之辨，而应该确立功利至上的人才观。在李贽看来，有益于国计民生、能够促进社会经济发展的人才是百姓真正需要的人才。他惊世骇俗地提出了"贪官之害小，而清官之害大"的言论。"公但知小人之能误国，不知君子之尤能误国也。小人误国犹可解救，若君子而误国，则末之何矣。何也？彼盖自以为君子而本心无愧也。故其胆益壮而志益决，孰能止之？如朱夫子亦犹是矣。故余每云贪官之害小，而清官之害大；贪官之害但及于百姓，清官之害并及于儿孙。余每每细查之，百不失一也。"

李贽在这里所说的"君子误国"其实是"道学误国"。因为道学家总是以"君子"自居，冠冕堂皇地说是为维护道德，但实际上却干了祸国殃民的事。一些不作为的清官也自诩为"君子"，自认为问心无愧。但是，传统思想上认为"穷则独善其身，达则兼济天下"，位居高官不能为老百姓谋福利，只是做到明哲保身，是在其位而不谋其政，有失职不作为之罪。在李贽看来，这些人不能安民，不能利国，其危害之大甚于贪官。

李贽的经济思想主张是为解决老百姓的吃饭问题、国家的财政问题而提出的救时策略。他敏锐地发现了当时日益深重的社会经济危机，清晰地认识到了当时中国社会小农经济已经开始裂变，商品经济已经萌芽。所以他提出的"功利主义""穿衣吃饭即是人伦物理""不言理财者，决不能平治天下"，自由竞争、公平竞争等主张是顺应时代的思想主张。但是，在那样一个政治高压思想专制的晚明，李贽也鲜有知音。他的思想更是超越时代的。正如焦竑在《荐李卓吾疏》中说的那样："卓吾先生秉千秋之独见，悟一性之孤明。其书满架，非师心而实以道古；传之纸贵，未破俗而先以惊愚。"

七十老翁何所求

辞官后，李贽来到湖北黄安，住在好友耿定理的别业"天窝"讲学。"天窝"虽远在山野，但那是远近闻名的待贤之所。何心隐等人都曾在此讲学。自此，李贽在"天窝"安心读书讲学论道。其后，由于与耿定理的哥哥耿定向在探讨学术时意见不合，加上论学风格不一致，李贽离开"天窝"迁到麻城。

由于不愿受人管制，在麻城时李贽长时间住在寺院里。在他六十二岁时，李贽又有了一个新的决定——落发出家。据他自己说："因家中闲杂人等时时望我归去，又时时不远千里来迫我，以俗事强我，故我剃发以示不归，俗事亦决然不肯与理也。"为了摆脱家人家事的纠缠而剃发，我认为这不是倡导"童心说"之人出家的理由。在给焦竑的信中，他曾说："又今世俗子与一切假道学，共以异端目我，我谓不如遂为异端，免彼等以虚名加我，何如？"既然视我为异端，那我就做给你看，这似乎更合乎李贽的性格。对李贽而言，摆脱了世俗的纷扰和俗务的羁绊，可以更方便地去追求属于自己的自由。

李贽的思想是犀利的，是超越时代的。他倡导的"童心说"，他的政治经济主张即使在今天看来仍然有非常现实的意义。他还积极倡导男女平等，在讲学时还专门招收女弟子。这在当时看来是大逆不道的。李贽不仅在思想上忍受着无人理解的苦痛和寂寞，还要承受来自社会各界的指责和批判。

终于，在他七十六岁时被人弹劾，罪名是蛊惑人心、反道乱德。万历皇帝很快做出了批示："李贽敢倡乱道，惑世诬民，便令厂卫五城严拿治罪。"

被捕入狱后，李贽没有停止思考。他回顾了自己的一生，仿佛看透了生死，向弟子表明了自己的操守。他曾经在给弟子周思敬的信里说："今年不死，明年不死，年年等死，等不出死，反等出祸。然祸来又不即来，等死又不即死，真令人叹尘世苦海之难逃也。可如何！"

为了不受羁绊，他选择落发出家。而今，在七十六岁时受诬入狱，他定不甘受辱。他说："衰病老朽，死得甚奇，真得死所矣。如何不死？"他入狱后作了很多首诗。其中一首足以说明他对生死的看法。"志士不忘在沟壑，勇士不忘丧其元。我今不死更何待，愿早一命归黄泉。"

于是，他选择用剃刀割喉自杀。

临终前，侍者问他："和尚痛否？"

此时，李贽已经不能说话。但是他还是用手指写下两个字："不痛。"

"和尚何自割？"

"七十老翁何所求！"

据说，李贽在痛苦了两天后终于去世。

《明史》中并没有李贽的传记介绍其生平事迹，但是在耿定向篇等四处有比较简短的介绍："（耿定向）尝招晋江李贽于黄安，后渐恶之，贽亦屡短定向。士大夫好禅者往往从贽游。贽小有才，机辨，定向不能胜也。贽为姚安知府，一旦自去其发，冠服坐堂皇，上官勒令解任。居黄安，日引士人讲学，杂以妇女，专崇释氏，卑侮孔、孟。后北游通州，为给事中张问达所劾，逮死狱中。"

这就是《明史》中的李贽。《四库全书总目提要》这样评价李贽："贽非圣无法，敢为异论。虽以妖言逮治，惧而自刭，而焦竑等盛相推重，颇荧众听，遂使乡塾陋儒，翕然尊信，至今为人心风俗之害。故其人可诛，其书可毁，而仍存其目，以明正其为名教之罪人，诬民之邪说。"在清代，李贽还一度被称为"畸人""妄人"。

但是，李贽思想的光芒是遮不住的。焦竑把李贽推崇为圣人，称他"可肩一狂字，坐圣门第二席"。焦竑为李贽的著作积极奔走，并且为《焚书》《续焚书》《藏书》《续藏书》作了序。在《焚书·序》中，他这样评价李贽："快口直肠，目空一世，愤激过甚，不顾人有忤者。"

李贽的"童心说"在明代就产生了深远影响。袁宏道强调的"独抒性灵"与李贽所说的"天下之至文，未有不出于童心焉者也"一脉相承，汤显祖的至情论也是从李贽"童心说"衍生而来。

李贽的思想和著作一度在中国遭到禁毁，但是却传到了海外，并在海外生根发芽结出累累硕果。李贽的思想对日本明治维新产生过直接的影响。明治维新运动的先驱吉田松阴在思想上就颇受李贽的影响，他对他的门徒高杉晋作说："抄李氏《藏书》，卓吾之论大抵不泄，谁不一读而不与吾拍案叫绝者哉！"

美籍华人黄仁宇的著作《万历十五年》影响很大，他在最后一章专门论说李贽。他说："李贽的悲观不仅属于个人，也属于他所生活的时代。传统的政治已经凝固，类似宗教改革或者文艺复兴的新生命无法在这样的环境中孕育。社会环境把个人理智上的自由压缩在极小的限度之内，人的廉洁和诚信，也只能长为灌木，不能形成丛林。"

李贽不是"畸人"，更不是"妄人"，他是真人，他重情重义，他有真性情，他敢于冲破时代的樊篱寻求真我。

朱飞在《激进话李贽》中评价："在李卓吾时代，会有这种思想，自是与众不同，但如是'众人皆醉而我独醒，举世皆浊而我独清'，就是反社会行为，不是被视为疯子，就是'左道'，妖言惑众，要被迫害而至于自杀。屈原是这样死的，李贽也是这样死的，许许多多这种人是这样死的。可是这种人的思想，是走在时代前面。"李贽的一生是一个悲剧。但是他的影响不可小觑，七十老翁何所求？或许李贽早就料到他的思想会在死后发出耀眼的光芒！

四

守住真心

至情至性汤显祖

万历五年（1577），会试前夕，住在北京裱褙胡同的汤显祖和沈懋学正在切磋学艺，进行大比前的准备。一天，裱褙胡同来了一位不速之客——当朝首辅张居正的同父异母弟弟张居谦。张居谦为什么要登门拜访两位书生呢？

张居正主持朝政后，一心想让自己的儿子也飞黄腾达。如何才能让自己的儿子名正言顺地做官，别人还无话可说呢？当然是参加科举考试！"学而优则仕"，有才学的人中了进士为官一任就理所当然了。于是，张居正派了自己的弟弟张居谦去物色有真才实学的士人做自己儿子的陪考。经四方打探，张居谦终于发现了两个才名响亮、众望所归的举子：一个是临川的汤显祖，一个是宣城的沈懋学。

汤显祖自忖若是以文章才学取士，自己中个进士应该是没有问题的；而通过结交首辅攀龙附凤博得功名，那简直就是玷污自己的名声，不去也罢。于是，汤显祖当即决定不去巴结权贵。沈懋学只好一个人独自去拜会了当朝首辅张居正。后来张居谦还是再三邀请汤显祖，但他无动于衷坚持自我，就这样汤显祖得罪了首辅大臣张居正。

会试结束后，去拜会张居正的沈懋学中了头名状元，张居正的次子张嗣修中了榜眼，而夺魁呼声很高的汤显祖却又一次名落孙山。

这是汤显祖第三次参加春闱科考，也是第三次春闱落第。落第后，汤显祖作了一篇《广意赋》来排解内心的郁愤。在文中，他感叹道："人生何常？语曰：'乐与饵，过客止。'日中则还，大不可不遵也。恶从人而悲伤，遂自广焉。"

他又作了一篇《感士不遇赋》来为那些怀才不遇的人才叹息。他责问苍天，牢骚满腹。"余行半天下，所知游往往而是。然尽负才气自喜，故多不达。盖有未宦徒立数言而沮殁者。其志量计数，忧人之忧，岂复下中人哉？或曰：'天短之，然又与其所长，何也？'"

汤显祖生于江西临川名门望族。临川自古就是一块人杰地灵的宝地。这里不仅风景秀丽、物产丰饶，而且人才辈出、民风好学。仅明代就从这里先后走出了 166 名进士，302 名举人。临川可以说是名副其实的才子之乡。

钱谦益在《汤遂昌显祖小传》中说汤显祖"生而有文在手"。这是怎么回事呢？我想，大概是在汤显祖出生后不久有人来看他的手纹，说过这个小孩手纹清晰，"有文在手"是类似"文曲星下凡"之类的话。是不是真的"生而有文在手"，我们是不知道的。但是，幼年的汤显祖的确很早就显露出过人的才华。据《明史》记载，汤显祖"少善属文，有时名"。汤显祖本人也曾写有"初生手有文，清赢故多疾"的诗句。

幼年汤显祖在经过塾师徐良傅的启蒙后，又师从理学大师罗汝芳等人，学业大进。在嘉靖四十二年（1563），年仅十四岁的汤显祖在院试中以一篇《女有余布》才惊学政。后又在隆庆四年（1570）乡试中以第八名中举。中举后的汤显祖春风得意精神焕发。俗话说得好，"人逢喜事精神爽"。他在拜会了主考官后顺道去了云峰寺游玩。在寺外水池边，踟蹰

四 至情至性汤显祖

四 至情至性汤显祖

053

满志的汤显祖借着夕阳的余晖对着池水欣赏自己倜傥的风姿，不料头上的簪子掉入池中。这一小小的意外似乎就预示着汤显祖的一生仕途多舛。汤显祖自己也感到很无奈，于是赋诗两首写于寺墙之上。其诗云："搔首向东林，遗簪跃复沉。虽为头上物，终是水云心。桥影下西夕，遗簪秋水中。或是投簪处，因缘莲叶东。"

中举人后，汤显祖雄心勃勃，立志要像王安石一样大显身手，干出一番事业来。但是接下来的两次春闱会试接连落第。从隆庆四年（1570）中举到万历五年（1577），汤显祖在八年间参加了三次会试，但是三次都以落第告终。

万历八年（1580），汤显祖又一次进京参加会试。这次进京，汤显祖没有吸取上次科考落第的教训，依然没有主动去拜会张居正。但是，张居正很识相，"屈尊"来笼络汤显祖了。这一次，他派出了自己的亲信都察院左副都御史王篆带着自己的三儿子张懋修来看望汤显祖。耿直倔强的汤显祖心想：第三次春闱失利是因为自己没有主动去攀附首辅，那么前两次呢？前两次他也没有去联络主考官。他顿时认识到了科考的黑暗，他觉到如果这次接受了首辅的笼络就扭曲了自己的人格，这无异于处女失身。他直言："吾不敢从处女子失身也。"于是，像李白所言"仰天大笑出门去"，汤显祖直接选择弃考离开了北京。结果，张居正的三儿子张懋修高中状元，大儿子张敬修也中了进士。

自此之后，汤显祖心灰意冷，也看透了当朝科考的黑暗，发誓不再参加科考。他在诗作《别荆州张孝廉》中说："吏事有人吾潦倒，竹林著书亦不早。"于是，汤显祖带着愤懑的心情回到了临川。闲居在家时，就顺便写一些诗词歌赋酬答之作。

一天，好朋友谢廷谅到汤显祖家里做客。汤显祖非常高兴，并作诗记事抒情。"顿有一时双玉人，绿袍皆称小乌巾。入门云气香流水，接席风华明素尘。剧坐不嫌秋夜永，难留应念主人贫。深知谢客多才性，宣远同车有善邻。"

之后，汤显祖将这些酬谢抒怀之作结成了诗集《问棘邮草》。与汤显祖素昧平生的徐渭看了《问棘邮草》后大加赞赏说："通篇都佳，愈看愈妙。"谢廷谅看后，也大为赞叹，并且为《问棘邮草》写下序言。"君气亮盖世，而常共于匹夫。长安长者多所知名，而州大夫或无半面。乡人有不能得其片字，而四方有识传宝其书。语帝王大略，激昂万乘，而不能说丘巷。足不识城府逵路，而好谈天下厄塞。料人物数千里之外，而常为眉目小儿所绐。"

从谢廷谅所写的序言中，我们可以看出汤显祖是一个与众不同的"怪人"：有很好的名望却不喜欢与权贵大夫交往，能够谈论帝王大略却又不识仕途捷径，极其厌恶黑暗的世道却又对盗贼之死深表同情。就连汤显祖的好朋友也直言有所了解，有所不解。其实，汤显祖就是这样的一个人，他不肯放下自己的人格尊严，更不肯屈就自己去攀附权贵。他宁愿放弃功名也不肯失去自我。虽然他失去了功名，但是他守住了真心。

无梦到徽州

万历十年（1582），把持朝政十年的首辅大臣张居正在北京病死。得知消息后，汤显祖重又萌生了科考之意。第二年春天，经会试、殿试，汤显祖名列三甲第二百一十名，赐同进士出身。

汤显祖在《合奇序》中明确提出了自己写真情抒性灵的为文主张。他说："世间惟拘儒老生不可与言文。耳多未闻，目多未见，而出其鄙委牵拘之识，相天下文章，宁复有文章乎？予谓文章之妙不在步趋形似之间。自然灵气，恍惚而来，不思而至，怪怪奇奇，莫可名状，非物寻常得以合之。苏子瞻画枯株竹石，绝异古今画格，乃愈奇妙。若以画格程之，几不入格。米家山水人物，不多用意。略施数笔，形象宛然，正使有意为之，亦复不佳。故夫笔墨小技，可以入神而证圣。自非通人，谁与解此。"

在这里，汤显祖以"苏子瞻画枯株竹石"为喻阐述了自己"以意役法"的文学主张。在他看来，只有"以意役法"，才能在笔墨之外言所欲言，使文章有"音外之音，致中之致"。

汤显祖的文学主张是非常明确的。他也直接影响了袁宏道"独抒性灵"主张的形成。袁宏道受汤显祖的启发，在《叙小修诗》中提出，创作要"独抒性灵，不拘格套，非从自己胸臆流出，不肯下笔"。但是，这种写性灵抒真情的为文之法与当时流行的复古拟古主张格格不入，更偏离了八股文思想和格式的规范。因此，汤显祖以较低名次赐同进士出身也是可以理解的。

在礼部观政三个月后，汤显祖不愿在京候任就主动向吏部申请了一个闲职，之后就到南京做了礼部太常寺博士。太常寺是礼部掌管礼乐祭祀的机构，太常寺博士虽然属于七品但是平时基本上也没有什么公务。于是，汤显祖到任太常寺博士后不到半年就游遍南京的山水名胜。在游玩的过程中，他一边赋诗抒怀，一边读书交友，一边观察民风。这都为他以后创作"临川四梦"打下了基础。

就这样，在太常寺任上闲散了一年。万历十三年（1585），原任临川知县的司汝霖已升任吏部郎中。作为故交好友，司汝霖给汤显祖写了一封信，劝说他疏通关系，方便调入吏部任职。司汝霖当然也是本着选拔人才的角度提携后辈。但是，当年汤显祖连拜会张居正都不肯去，如今怎么会为了调入吏部而放下自己的尊严？于是，汤显祖给司汝霖写了回信，历数不能进京任职吏部的原因，并且告诉司汝霖人各有志，自己愿淡泊处世不会去刻意攀附。他在《与司吏部》中说："况夫迩中轴者，不必尽人之才；游闲外者，未足定人之短。长安道上，大有其人，无假于仆。此直可为知者道也。夫铨人者，上体其性，下刊其情。恐门下牵于眷故，未果前诺，故复有所云。倘得泛散南郎，依秣陵佳气，与通人秀生，相遇征酒课诗，满捧而出，岂失坐啸画诺耶。语不云乎，'斐然成章。'人各有章，偃仰澹淡历落隐映者，此亦鄙人之章也。惟明公哀怜，成其狂斐。"

在信中，他明确地向司汝霖展现了自己特立独行、绝不屈尊绝不俯就的一面。正如汤显祖曾说的那样："士有志于千秋，宁为狂狷，毋为乡愿。"

由于与太常寺少卿王世懋文学主张不同，汤显祖在任满太常寺博士后没有得到升迁，而是改任南京詹事府主簿。而这时，全国出现大面积灾荒，成千上万的百姓在灾荒中因饥饿而死去。全国上下，难民遍地，瘟疫肆虐。唐朝诗人杜甫"朱门酒肉臭，路有冻死骨"讥讽的社会现实重现。汤显祖虽然位居七品官位，但是他也看到了灾荒给百姓带来的苦难，他写诗道："精华豪家取，害气疲民受。君王坐终北，遍土分神溜。"他清醒地认识到，这不仅是天灾，更是人祸。在万历十七年（1589），汤显祖被升任为南京礼部祠祭司主事。

汤显祖虽看透了官场政治的黑暗，但他还是想通过自己的积极上疏来挽救已经病入膏肓的大明王朝。

万历十九年（1591）三月代州有陨星坠落，不久又有彗星出现。原本是正常的自然现象，却被认为会有灾祸降临。万历皇帝不仅不反省自己，反而把"星变"的责任推向了言官。他降下圣谕指责言官说："于常时每每归过于上，市恩取誉。辄屡借风闻之语，讪上要直，鬻货欺君，嗜利不轨。"对各级言官施行罚俸一年的处罚。在这种情况下，汤显祖批龙鳞、逆圣听写了一篇反贪伐腐的檄文《论辅臣科臣疏》，一时之间朝野震动。在《论辅臣科臣疏》中，汤显祖开篇直言："奏为星变陈言，辅臣欺蔽如故，科臣贿媚方新，伏乞圣明，特加戒谕罢斥，以新时政，以承天戒事。"辅臣欺上瞒下，科臣行贿索贿，应该一并治他们的罪。汤显祖一下子就给辅臣科臣定了调。他直斥吏科都给事中杨文举欺君罔上："夫皇上德意，亲发内帑金钱赈救生灵之死，而文举乃敢贪赃宴乐，扰害饥民，买官自擅。皇上虽在深宫，独无一人言之乎？"

他还直接把矛头指向了当时首辅申时行。他说："前十年之政，张居正刚而多欲，以群私人嚣然坏之；后十年之政，时行柔而有欲，又以群私人靡然坏之。"他直接把申时行与张居正比较。因为张居正在万历十年病死后，万历十二年就被抄了家，他的儿子们也落得了自杀充军流放等悲惨下场。汤显祖激愤地说："权利蒙之，其心始黑。非必六科十三道尽然，特一二都给事等有势利小人，相与颠倒煽弄其间耳。记曰：'人父生而君食之，其恩一也。'故子之兄弟相引而欺其父，皆为不孝；臣之大小相引而欺其君，皆为不忠。然岂今之科道诸臣都不知此义哉？皇上威福之柄，潜为辅臣申时行所移，故言官向背之情，为时行所得耳。"

他请求万历皇帝对辅臣科臣一并处罚，以正风气。但是，奏疏呈上去后，申时行、杨文举等人不仅没有遭受惩处，反而得到万历皇帝的抚慰。而汤显祖则以"南都为散局，不遂己志，敢假借国事攻击元辅"之罪名一下子贬谪到了广东徐闻，降为徐闻典史。

徐闻位于雷州半岛的最南端，与海南岛隔海相望。来到徐闻后，汤显祖发现徐闻的社会治安乱坏，其根本原因在于当地百姓轻生好斗而不知礼义。于是，汤显祖积极办学，办了"贵生书院"来教化百姓，改善民风。汤显祖在讲学的同时，更是用自身的行动教育受业子弟，培养其清正刚直的品性。

在徐闻不到一年，朝中发生了重大变化，曾遭汤显祖弹劾的申时行被罢官。汤显祖不久被委以新任，调往浙江遂昌任遂昌知县。在离开徐闻时，汤显祖念念不忘"贵生书院"，亲自作了一篇《贵生书院说》，向徐闻百姓重申生命可贵的道理，告诉他们要珍惜生命、爱护生命。他还作了一首诗劝人惜生、贵生："天地孰为贵，乾坤只此生。海波终日鼓，谁悉贵生情。"

在就任遂昌知县之前，汤显祖不觉已在宦海浪迹十年之久。但是，他基本上也没有什么施政经验，更没有什么政治功绩，因为他一直在冷衙门任闲职。就任遂昌知县后，汤显祖立志要做一个清官，做一个亲民的好官。那么，如何施政才好呢？他看到晚明的礼法已经钳制了人的思想和情感。因此，他在"贵生"主张的基础上又提出了要尊重人的价值，要以"情"施政。当时汤显祖提出人为贵、尊重人的价值的确是难能可贵的。

在遂昌，汤显祖是一个亲民的好官。他兴教劝善，讲学耕读，深受当地百姓爱戴。但是，在按例赴京进行吏部考核的过程中，他感觉在官场中低眉顺目无异于"今日陶潜在折腰"。于是，他向吏部递交了簿籍后返回了遂昌。在遂昌与百姓洒泪而别后，汤显祖带着家眷返回临川。

汤显祖辞去遂昌知县，是两袖清风而归。他给友人的信中直言"弃官一年，便有速贫之叹"。也有人劝说他到徽州去为富家捉刀，因为徽州在当时已经富甲一方，有很多大户人家不惜重金想请有才学的人替自己作些辞赋文章。汤显祖自然是不肯去的，他怎么肯放下自己的人格尊严而去换取一些钱财？想一想，只要去拜会一下首辅就可能轻松考中进士，他没有去；只要在吏部考核官前放低自己的姿态就有可能升迁，他没有做。为了追求自由和独立，他毅然选择弃官回家。如今，他怎么会为了钱财而去徽州呢？为此，他还写下了一首诗表达自己人格尊严的独立。"欲识金银气，多从黄白游。一生痴绝处，无梦到徽州。"

寄情戏梦

　　汤家祖屋曾因火灾被焚，汤显祖弃官回乡后就开始筹划建造新居。汤显祖将新居主体建筑命名为"玉茗堂"。玉茗就是白山茶花。宋代诗人黄庭坚在《白山茶赋》中曾赞道："盖将与日月争光，何苦与洛阳争价。惟是当时而见尊，显处于瑶台玉墀之上；是以闭藏而无闷，淡然于干枫枯柳之下。"在弃官回乡的途中，汤显祖也写有《琼花观二十韵》："但道芜城争艳逸，安知隋苑即披离？四海一株今玉茗，归休长此忆琼姬。"

　　在这首诗中，玉茗花成为汤显祖品格的象征。汤显祖将新居命名为"玉茗堂"，可见其孤傲高洁、清雅脱俗的追求。"玉茗堂"其实是沙井新居的总称。沙井新居除玉茗堂外，还有寒光堂、清远楼、芙蓉馆、四梦台等多处建筑。

　　寒光堂镌有他亲自书写的楹联："身心外别无道理，静中最好寻思；天地间都是文章，妙处还须自得。"

　　新居建成后，汤显祖心情大好，曾作诗咏怀道："沙井阑头初卜居，穿池散花引红鱼。春风入门好杨柳，夜月出水新芙蕖。"

可见，沙井新居设计精美，景色宜人。汤显祖有了专心写作、会客和排戏的场所。

临川汤家既是诗书礼仪之家，也是戏曲传统之家。汤显祖的祖辈和父辈都有弹琴吟唱的爱好，汤显祖就是在戏曲的熏陶下成长起来的。科考落第后，他曾创作戏曲自娱自乐。在万历八年（1580），弃考后的汤显祖将唐传奇《霍小玉传》改编成戏曲，进行了再创作，写下了《紫箫记》。在《紫箫记》第一出中他就交代了剧情："李益才人，王孙爱女，诗媒十字相招。喜华清玉瑄，暗脱元宵。殿试十郎荣耀，参军去七夕银桥。归来后，和亲出塞，战苦天骄。娇娆，汉春徐女，与十郎作小，同受飘摇。起无端贝锦，卖了琼箫。急相逢天涯好友，幸生还一品当朝。因缘好，从前痴妒，一笔勾消。"

汤显祖试图将原来《霍小玉传》中的悲剧结局改为大团圆。但是因被人说成是在讽刺当朝首辅张居正，只写了一半就搁笔了。《紫箫记》是汤显祖戏曲创作的第一次尝试。

在南京任职的闲暇之余，汤显祖拿出了半部《紫箫记》重新创作。这次创作，他将《紫箫记》更名为《紫钗记》，因为剧中有一重要的道具紫玉钗。《紫钗记·题词》既交代了戏曲的由来，又寄寓了汤显祖"普天下有情人终成眷属"的美好愿望。在《紫钗记·题词》中，他如实感叹："霍小玉能作有情痴，黄衣客能作无名豪，餘人微各有致。第如李生者，何足道哉！曲成，恨帅郎多病，九紫、粤祥各仕去，耀先、拾芝局为诸生倅，无能歌乐之者。人生荣困生死，何常为欢？苦不足，奈何。"

《紫钗记》以大团圆结局，但是前提条件是"黄衣客能作无名豪"。这在当时的社会是很难做到的。因此，《紫钗记》终究还是一部悲剧的团圆。《紫钗记》中的霍小玉是个痴情女子，她因思夫而成梦，又因梦而成戏。从全剧看，《紫钗记》已经初步体现了汤显祖的"情至观"，既无情地鞭挞了权贵的腐败与丑恶，又歌颂了理想的爱情和人间的真情。

汤显祖生活的晚明时期，程朱理学已逐渐式微，陆王心学逐渐盛行。汤显祖早在被贬徐闻之时就提出了"人为贵"的"贵生说"，充分肯定了人的基本权利和意志诉求。在戏曲创作中，他又高举"情"的大旗直接与"存天理，灭人欲"的程朱理学抗衡。弃官回到临川后，汤显祖无官一身轻。他一边积极建造"玉茗堂"，一边继续构思创作《牡丹亭》。在万历二十六年（1598）秋天，"玉茗堂"建成，《牡丹亭》也随即"杀青"。

在《牡丹亭》中，汤显祖塑造了一个多情女子杜丽娘。在戏中，她成了"情之至"的艺术化身，不仅才貌双全，而且敢于冲破封建礼教旧俗的束缚，大胆追求个性解放和婚姻爱情自由。杜丽娘可以为情而死，又能够为情死而复生，是一个敢于为爱情而抗争、为自我价值的实现而不顾一切的、真正觉醒的人。《牡丹亭题词》成为汤显祖"情至论"的宣言书。他直言："天下女子有情，宁有如杜丽娘者乎！梦其人即病，病即弥连，至手画形容，传于世而后死。死三年矣，复能溟莫中求得其所梦者而生。如丽娘者，乃可谓之有情人耳。情不知所起，一往而深。生者可以死，死可以生。生而不可与死，死而不可复生者，皆非情之至也。梦中之情，何必非真？天下岂少梦中之人耶！必因荐枕而成亲，待挂冠而为密者，皆形骸之论也。传杜太守事者，仿佛晋武都守李仲文、广州守冯孝将儿女事。予稍为更而演之。至于杜守收拷柳生，亦如汉睢阳王收拷谈生也。嗟夫！人世之事，非人世所可尽。自非通人，恒以理相格耳！第云理之所必无，安知情之所必有邪！"

汤显祖是一个坚决忠于内心的追求、敢于追求自我价值和真性情的人。弃官回家后，他不甘心自己理想的破灭。他寄情戏梦，在"玉茗堂"继续创作。万历二十八年（1600），汤显祖将"情"的主题由家庭爱情扩展到现实政治，创作出了《南柯记》，继续着"因情成梦，因梦成戏"的传统。

在《南柯记》中，汤显祖为避文狱杀身之祸，用超脱世俗的思想让剧作披上了"禅宗"的外衣。《南柯记》通过淳于棼善始而恶终的人生经历揭示了晚明官场政治的腐朽黑暗，显现了汤显祖对现实政治的否定和官场的失望。他在《南柯记题词》中直言："吾所微恨者，田子华处士能文，周弁能武，一旦无病而死，其骨肉必下为蝼蚁食无疑矣。又从而役属其魂气以为臣，蝼蚁之威，乃甚于虎狼。此犹死者耳。淳于固俨然人也，靡然而就其征，假以肺腑之亲，藉其枝干之任。昔人云：'梦未有乘车入鼠穴者。'此岂不然耶？一往之情，则为所摄。人处六道中，齍笑不可失也。"

写完《南柯记》，汤显祖意犹未尽。他想着还要塑造出一个得志便猖狂的"恶情"典型。于是他又根据《枕中记》创作出《邯郸记》。《邯郸记》通过卢生跌宕起伏的官场经历揭露了官场的黑暗。卢生利欲熏心，是一个典型的得志便猖狂的"中山狼"形象。

《紫钗记》《牡丹亭》《南柯记》《邯郸记》是汤显祖的主要戏曲作品，合称"临川四梦"。汤显祖在"四梦"的题词中，都谈到梦与人物感情的关系，即"因情成梦，因梦成戏"。《紫钗记》中霍小玉因思夫之情而成梦，《牡丹亭》中杜丽娘因情而梦，因梦而死，死而复生，《南柯记》中淳于棼因其志不达而成梦，《邯郸记》中卢生为人生享乐之情而成梦。"临川四梦"作为一个艺术整体，从不同的侧面折射了汤显祖的思想和戏剧观。明末王思任在《批点玉茗堂牡丹亭叙》中揭示了"临川四梦"的不同，他认为"临川四梦"代表了不同思想派别的主张。他说：《邯郸》，仙也；《南柯》，佛也；《紫钗》，侠也；《牡丹》，情也。"在"四梦"中，汤显祖通过霍小玉和李益、杜丽娘和柳梦梅的爱情，热情讴歌了人心中的"真情"；同时也借助淳于棼和卢生的宦海沉浮，无情地批判了世人的"恶情"。

汤显祖自己曾说："一生四梦，得意处惟在《牡丹》。"据说他在创作《牡丹亭》时"失踪"了一回。家人把"玉茗堂"找了个遍，最后终于在柴草间发现了汤显祖。原来，他在创作《牡丹亭》第二十五出《忆女》时，把全部感情和心思都写进去了，当写到"赏春香还是你旧罗裙"一句时，想到剧中的被世俗礼教摧残致死的杜丽娘，便抑制不住内心的感情，身不由己地卧在柴草上痛哭了一场。汤显祖将自己的全部感情都寄托在自己的戏曲中，他通过创作戏曲来寻求真我倾诉真情。正如他在《牡丹亭》第一出《标目》的开场词《蝶恋花》所言："忙处抛人闲处住，百计思量，没个为欢处。白日消磨肠断句，世间只有情难诉。玉茗堂前朝复暮，红烛迎人，俊得江山助。但是相思莫相负，牡丹亭上三生路。"

"世间只有情难诉"，戏曲寄寓了汤显祖的理想。他将自己一生的理想寄情戏梦，勇于在自己的舞台上追求真我。

玉茗流芳

　　万历四十四年（1616）六月十五日，汤显祖在沙井新居玉茗堂溘然而逝，享年六十七岁。汤显祖一生追求真我，他绝不会为名利得失而向人折腰；他寄情戏梦，将一生的理想都寄托在"临川四梦"中。汤显祖用自己的一生"为情作使，劬于伎剧"，也为后人留下了一笔不朽的财富。

　　《牡丹亭》创作完成后，汤显祖寄情戏梦，自任导演乐此不疲地在"玉茗堂"排练演出。此后，"家传户诵，几令《西厢》减价"。尤其是杜丽娘的悲惨命运在诸多妇女中产生了强烈的共鸣。据载，商小玲在舞台上演唱《寻梦》时悲恸而气绝；娄江一女子俞二娘读《牡丹亭》后"惋愤而终"；冯小青读戏文后欲罢不能，赋诗以寄情："冷雨幽窗不可听，挑灯闲看《牡丹亭》。人间亦有痴于我，岂独伤心是小青。"可见，《牡丹亭》一戏影响之大。汤显祖听说了娄江女子俞二娘之事后感慨万分，也作诗自谴，其诗云："何自为情死，悲伤必有神。一时文字业，天下有心人。"

汤显祖死后，人们也学着像汤显祖一样"因情怀汤，因汤写戏"。比较有名的是清代蒋士铨写的《临川梦》。《临川梦》与"临川四梦"一脉相承，细致描绘了汤显祖传奇的一生。在《临川梦·自序》中，蒋士铨对汤显祖予以极高评价，他说："临川一生大节，不迕权贵，递为执政所抑。一官潦倒，里居二十年，白首事亲，哀毁而卒，是忠孝完人也。"

在汤显祖去世后，有一大批剧作家从立意构思到曲词的风格熔铸多方面去刻意模仿汤显祖的剧作，形成了一个派别——"玉茗堂派"。"玉茗堂派"中的代表剧作有洪昇的《长生殿》、孔尚任的《桃花扇》等。洪昇在《长生殿例言》中直说《长生殿》受汤显祖影响，他说："棠村相国尝称予是剧乃一部闹热《牡丹亭》，世以为知言。予自惟文采不逮临川，而恪守韵调，罔敢稍有逾越。"宋荦在《题桃花扇传奇》中则直接以"新词不让《长生殿》，幽韵全分玉茗堂"赞誉其价值。《桃花扇》中的《访翠》和《眠香》两出戏也被人评为："这曲文实在好，可以追步'玉茗堂四梦'，真才子之笔。"还有后人根据汤显祖《牡丹亭》剧情续写出了《续牡丹亭》《后牡丹亭》等。这都足以说明汤显祖戏剧创作的影响之大。

被誉为中国古典小说巅峰之作的《红楼梦》也有汤显祖的影子。《牡丹亭》中的"游园惊梦"成为宝黛爱情的催化剂，唤醒了林黛玉的自我意识，让大观园里的年轻人有了足够的追求自由爱情的勇气。

汤显祖曾作诗感叹无人领会《牡丹亭》的真意："玉茗堂开春翠屏，新词传唱《牡丹亭》。伤心拍遍无人会，自掐檀痕教小伶。"曹雪芹在《红楼梦》中也直呼："满纸荒唐言，一把辛酸泪。都云作者痴，谁解其中味？"不难看出，曹雪芹也深受汤显祖影响。

汤显祖用自己的毕生精力去创作戏剧，他也是用自己的一生去追求真我。在汤显祖的墓前石柱上刻有楹联："文章超海内，品节冠临川。"但是，汤显祖的文章和品节早已超出了临川走向了世界。有人将汤显祖和西方的莎士比亚相提并论。因为汤显祖和莎士比亚卒年相同，且均在戏剧界占有极高的地位。汤显祖研究专家徐朔方认为汤显祖与莎士比亚时代相同，但具体的戏剧创作传统不同，前者依谱按律填写诗句曲词，后者以话剧的开放形式施展生花妙笔，因此汤显祖的创作空间与难度更大。不仅如此，汤显祖生活在晚明时期，比起莎士比亚所处的伊丽莎白时代要封闭落后得多，所以汤显祖能够塑造出敢于追求自身幸福的杜丽娘形象，尤为难能可贵。

在2000年，联合国教科文组织已经把汤显祖列为世界百位历史文化名人之一。2001年，昆曲也被联合国教科文组织列为"人类口述和非物质遗产代表作"。如今，"临川四梦"依然在"玉茗堂"上演；杜丽娘、柳梦梅、霍小玉，一个个栩栩如生的人物活在舞台上；汤显祖的刚正品节和勇于追求真我的形象也和"临川四梦"一样活在人们的心中，千古流芳。

五 独抒性灵袁宏道

适世人生

"弟暂栖真州城中，房子宽阔可住，弟平生好楼居，今所居房，有楼三间，高爽而净，东西南北，风皆可至，亦快事也。又得季宣为友，江上柳下，时时纳凉赋诗，享人世不肯享之福，说人间不敢说之话，事他人不屑为之事。颇觉受用陶元亮、王无功日子。天盖见弟两年吃苦已甚，故用此相偿。不然，何故暴得清福为此哉？"

这是一封古人的书信。当读到这样的一封书信时，你有何感想？是慨叹此人的逍遥，还是想知道是谁才会有此想法？

这封信是袁宏道写给他的好友江进之的。袁宏道就是一个逍遥闲适、大胆追求真性情的人。

袁宏道，字中郎，号石公，隆庆二年（1568）生于湖北公安，自幼受外祖父龚大器的影响，读书习儒。袁宏道和哥哥袁宗道、弟弟袁中道时常与社会名流结社、吟诗、问学、论道，在当时产生了较大影响。万历十四年（1586），袁宏道的哥哥袁宗道考中进士第一名，万历十六年（1588），年仅二十一岁的袁宏道也考上了举人。自此之后，科考路上一帆风顺的袁宏道更加自信，勇于追求心灵的自由。万历二十三年（1595），二十八岁的袁宏道被派往江苏吴县（今江苏省苏州市）任县令，年轻有为的袁宏道可谓意气风发、踌躇满志。

他坚信做了吴县县令后，"五湖有长，洞庭有君，酒有主人，茶有知己，生公说法，石有长老。"因此，他在任上兢兢业业、尽心竭力，不仅为官清廉，处事严明，而且真切用心、关心百姓疾苦，真正做到了为官一任、造福一方。就连当朝首辅大学士申时行也夸赞说吴县"二百年来无此令矣"！

但是，为官吴县不到一年，袁宏道似乎感觉到了一种无以言说的为政苦恼。他在自己的诗文和给友人的书信中都谈及了为政之苦。他曾经这样形容自己内心的苦恼："吴令甚苦我，苦瘦，苦忙，苦膝欲穿、腰欲断、项欲落。"在给他的好友沈广乘的信中，他也直言了做官的苦恼："人生作吏甚苦，而作令为尤苦。若作吴令，则其苦万万倍，直牛马不若矣。何也？上官如云，过客如雨，簿书如山，钱谷如海，朝夕趋承检点，尚恐不及，苦哉，苦哉！然上官直消一副贱皮骨，过客直消一副笑嘴脸，簿书直消一副强精神，钱谷直消一副狠心肠，苦则苦矣，而不难。唯有一段没证见的事非……"

万历二十四年（1596），袁宏道在给好友湘潭知县何起升的信里又一次谈到了自己为官的苦恼。他说："作令如啖瓜，渐入苦境，此犹语令之常。若夫吴令，直如吞熊胆，通身是苦矣。山水风光，徒增感慨，顾安得如仁兄所云云者哉。吏情物态，日巧一日；文网机穽，日深一日；波光电影，日幻一日。更复十年，天下容有作令者耶？仁兄声名籍甚，又楚蜀地近，人情或不相远，当无此苦。然令为苦因，苦是令果，一行作吏，便当同之，但分数有多寡耳。"

从袁宏道留下的文字来看，当时的他已经丝毫感受不到为官的快乐。我们很难想象当年袁宏道的脸上刻写着多深的愁容，更无法估量他的心里装下了多少苦水。他曾写过一首《为官苦》的诗："男儿生世间，行乐苦不早。如何囚一官，万里枯怀抱。"

其实，早在袁宏道任吴县县令之前，他流露出的是追求自由舒适狂放不羁的性情。他在考中举人回家待选之时曾经作《归来》诗一首。"归来兄弟对门居，石浦河边小结庐。可比维摩方丈地，不妨扬子一床书。蔬园有处皆添甲，花雨无多亦溜渠。野服科头常聚首，阮家礼法向来疏。"

袁宏道对河边结庐而居自由不羁的生活十分欣赏，因为在那里没有什么礼法的束缚，所以袁宏道感到无比的惬意。反观为政吴县，各种烦琐事务让袁宏道苦恼不堪。袁宏道喜欢游山玩水，崇尚自由，无拘无束。即使在为政吴县之时，他处理完政事后也是趁机遍游江南山水。或许是由于对山水的喜爱，抑或是从山水中获得了启发，他曾经赋诗表达自己对浮名和官场的厌倦。"青郊垂柳绿依依，一片仙帆带月飞。蛮曲听来醒暮酒，瘴烟行处湿征衣。荔滨草送王孙远，梅岭花逢汉使稀。总为浮名淹此地，江南江北看君归。"

一个一向追求自由、不受束缚和羁绊的人突然受到了繁缛的官场的拘束，他怎会没有苦恼呢？由于公务繁忙、政事缠身，再加上内心的苦恼，袁宏道一下子病倒了，而且一病就是半年之久。经再三思索，他为自己找到了治病的良药，那就是辞官。他认为自己"一入吴县，如鸟之在笼，羽翼皆胶，动转不得。以致郁极伤心，致此恶病。大抵病因于抑，抑因于官，官不去，病必不痊"。于是，袁宏道就学着像陶渊明一样弃官而去，追求属于自己的适世人生。

适世是袁宏道的人生追求。他将自己所追求的适世与谐世、玩世、出世相并称，并自认为这是他追求洒脱自由和真性情的最高境界。他在给徐汉明的信中说："世间学道有四种人：有玩世，有出世，有谐世，有适世……独有适世一种其人，其人甚奇，然亦甚可恨。以为禅也，戒行不足，以为儒，口不道尧、舜、周、孔之学，身不行羞恶辞让之事，于业不擅一能，于世不堪一务，最天下不紧要人。虽于世无所忤违，而贤人君子则斥之惟恐不远矣。弟最喜此一种人，以为自适之极，心窃慕之。"

当然，他对自己在吴县做官之苦也是有清醒的认识的。他一方面向友人倾诉为官之苦，一方面又向舅父龚惟学道："甥尝谓吴令苦乐皆异人，何也？过客如蝟，士宦若鳞，是非如影，其他钱谷案牍无论，即此三苦，谁复能堪之？若夫山川之秀丽，人物之色泽，歌喉之宛转，海错之珍异，百巧之川凑，高士之云集，虽京都亦难之。今吴已饶之矣，洋洋乎固大国之风哉！今之称吴令者，见乐而不见苦，故每誉过其实；而其任吴令者，见苦而不见乐，又不免畏过其实。甥意独谬谓不然，故虽苦其苦，而亦乐其乐，想尊者闻之，必大有当于心矣。"或许，袁宏道是因为没有更多的时间和便利的条件去游览江南美景，而感到了为官之苦。

在游历了东南山水名胜后，袁宏道举家寓居真州。在真州，他说出了石破天惊的"享人世不肯享之福，说人间不敢说之话"。

独抒性灵

　　袁宏道一生追求快乐适世洒脱逍遥。在文学上，他也鲜明地提出了"独抒性灵"的文学主张，他反对复古，在吸收了前人对"性灵"的合理论述后提出了"性灵说"，并且大声呼吁文学创作要抒写真情。

　　袁宏道坚守"自然为真"，提出"性灵说"，将自徐渭、李贽以来张扬个性、表现自我的精神发挥到了极致。在创作上，他明确提出了"不拘格套""任性而发"，要真情自然地表达自己的内心世界，具体表现在求真、尊情、尚趣、贵淡等几个方面。

　　袁宏道明确主张文学求真。在《与仙人论性书》中，他提出："若夫真神真性，天地之所不能载也，净秽之所不能遗也，万念之所不能缘也，智识之所不能入也，岂区区形骸所能对待者哉？"袁宏道说的"真神真性"，实际上就是"不知有趣，然无往而非趣"的童心，亦如徐渭所说的"真我"，其核心旨归抒写真情，寻求真我。对此，梁启超认为这与他喜好游山玩水的经历有关，梁启超在《中国地理大势论》中曾说："盖文章根于性灵，其受四围社会之影响特甚焉。"

袁宏道在吴县任县令之时就畅想游遍吴越山水，他在游览过程中也写下许多优美的篇章，其中大多数的作品都是真性情的自然流露，而《虎丘记》一文尤为典范："虎丘去城可七八里，其山无高岩邃壑，独以近城故，箫鼓楼船，无日无之。凡月之夜，花之晨，雪之夕，游人往来，纷错如织，而中秋为尤胜。"

文章首段以虎丘方位起笔，然又不落游记俗套，三言两语即突出了自己对虎丘在月夜、花晨、雪夕时的感受。接下来，他又把视角聚焦到人："衣冠士女，下迨蔀屋，莫不靓妆丽服，重茵累席，置酒交衢间。"

然后，袁宏道直接从市民郊游的热闹中找寻独特的审美感受，而不是像传统游记从山水本身去寻求诗意。

整体来看，袁宏道的《虎丘记》真实体现了他的文学主张，他丝毫没有受到传统写山水的笔法套路束缚，而是通过自己游览所见所感，真实地表达了自己的内心感受。在辞去吴县县令后，袁宏道浪迹于吴越的灵山秀水中，创作的《锦帆集》《解脱集》《广陵集》等，都体现了他率真洒脱的一面，自由自在地抒写了自己内心逍遥自适的感受。

"性灵说"的核心就在于抒写真性情，坚决反对蹈袭复古。在明代中后期，当人们认识到"情"的主体地位后，也逐渐将"情"从"理"的桎梏中解放出来。与汤显祖"尚情论"相似，袁宏道在诗文创作上明确提出了"尊情"的说法，他说："诗何必唐，又何必初与盛，要以出自性灵者为真诗尔。夫性灵窍于心，寓于境。境所偶触，心能摄之；心所欲吐，腕能运之。心能摄境，即蝼蚁蜂虿，皆足寄兴，不必《雎鸠》《驺虞》矣；腕能运心，即谐词谑语皆是观感，不必法言庄什矣。以心摄境，以腕运心，则性灵无不毕达，是之谓真诗，而何必唐，又何必初与盛之为沾沾！"

在这里，袁宏道将求真与尊情并提，使二者互为补充、和谐统一。其实，抒写真情首先要求真，然后抒写的也必须是真情真语。在袁宏道看来，表现在作品中的真情应该是自然流露不假藻饰的，甚至是不假思索脱口而出的。在《叙小修诗》中，他高度赞扬了弟弟袁中道的"尊情"创作。

聪慧过人的袁中道自小便喜欢读诸子百家之书，后来又"泛舟西陵，走马塞上，穷览天下"。因此，袁中道在诗文创作方面胆识过人，遵循"独抒性灵，不拘格套"的创作原则，主张抒写自己的独立见解、独特感受，如果不是从自己内心深处自然流露出来的绝不肯下笔写作。

袁宏道认为弟弟袁中道的诗作是内心情感的真实流露，即使有些小瑕疵但是属于"情至之语""自能感人"之作，因此是"真诗"。他在肯定弟弟诗作的同时又再次明确了自己的文学主张。

袁宏道的弟弟袁中道对哥哥主张诗作追求率真非常赞同。对此，陆云龙认为："小修称中郎诗文云率真。率真则性灵现，性灵现则趣生。即其不受一官束缚，正不蔽其趣，不抑其性灵处。"从中我们又可以看出袁宏道"尚趣"的一面。

袁宏道在《叙陈正甫会心集》一文中阐述了他对"趣"的追求。"世人所难得者唯趣。趣如山上之色，水中之味，花中之光，女中之态，虽善说者不能下一语，唯会心者知之。今之人慕趣之名，求趣之似，于是有辨说书画，涉猎古董以为清；寄意玄虚，脱迹尘纷以为远。又其下，则有如苏州之烧香煮茶者。此等皆趣之皮毛，何关神情！夫趣得之自然者深，得之学问者浅。"

袁宏道所追求的"趣"不论雅俗，不分贵贱，但一定要真实自然。所谓"自然"，也就是自我的真性情的流露。徐渭有一首诗《燕京五月歌》是这样写的："石榴花开街欲焚，蟠枝屈朵皆崩云。千门万户买不尽，剩将女儿染红裙。"袁宏道认为这首诗自然本色，脱口而出深得自然之趣。

随着认识的深入，袁宏道在审美追求上又修正为"贵淡"。他在《叙呙氏家绳集》中谈到了"淡"。他说："苏子瞻酷嗜陶令诗，贵其淡而适也。凡物酿之得甘，炙之得苦，唯淡也不可造；不可造，是文之真性灵也。浓者不复薄，甘者不复辛，唯淡也无不可造；无不可造，是文之真

五 独抒性灵袁宏道

变态也。风值水而漪生，日薄山而岚出，虽有顾、吴，不能设色也，淡之至也。元亮以之，东野、长江欲以人力取淡，刻露之极，遂成寒瘦。香山之率，玉局之放也，而一累于理，一累于学，故皆望岫焉而却，其才非不至也，非淡之本色也。"

在这里，他提出的"贵求淡适"仍然是以"性灵说"为旨归。袁宏道将"淡"引入到"性灵说"中，提出"淡"才是"文之真性灵"。他认为"淡之本色"，是自我自然真性情所在，"淡"不是任何人工设计、有意为之的品质，它是作者内在自然的"真性灵"。同时，"淡"也是使文学获得生趣、神韵的源泉。当然，淡是"真性灵"的本色，不仅不因学而至，也无关于才。"淡"得之于自然，亦即得之于我之真性真情的自然表率。白居易作诗以"直率"，苏东坡作诗以"豪放"，都不能达于"淡"，根本原因就在他们"一累于理，一累于学，故皆望岫焉而却，其才非不至也，非淡之本色也"。

袁宏道在文学创作上主张独抒性灵，不拘格套。他认为凡是真诗真文皆是出自真人。求真不仅是文学的主张，更是道德精神的追求。他直言内心所想，不受传统习俗所限。他还曾说："真乐有五，不可不知。目极世间之色，耳极世间之声，身极世间之鲜，口极世间之谭，一快活也。堂前列鼎，堂后度曲，宾客满席，男女交舄，烛气薰天，珠翠委地，金钱不足，继以田土，二快活也。箧中藏万卷书，书皆珍异。宅畔置一馆，馆中约真正同心友十余人，人中立一识见极高，如司马迁、罗贯中、关汉卿者为主，分曹部署，各成一书，远文唐宋酸儒之陋，近完一代未竟之篇，三快活也。千金买一舟，舟中置鼓吹一部，妓妾数人，游闲数人，泛家浮宅，不知老之将至，四快活也。然人生受用至此，不及十年，家资田地荡尽矣。然后一身狼狈，朝不谋夕，托钵歌妓之院，分餐孤老之盘，往来乡亲，恬不知怪，五快活也。士有此一者，生可无愧，死可不朽矣。"

袁宏道就是这样一个寻求真我、独抒性灵的性情之人。

六 帷幄奇谋刘基

上天的宠儿

　　说起诸葛亮，在中国真是无人不知无人不晓，他是智慧的象征，是贤臣的表率，是所有美德汇聚一身的完人，就连幼儿园的小孩子也能津津乐道地讲出几个有关于诸葛亮的传奇故事。然而，"诸葛亮式"的集智慧与忠诚于一身，被后人所膜拜景仰甚至玄化的人物并非只有他一个，刘基也是这样一个人物。蔡元培曾高度评价刘基："时势造英雄，帷幄奇谋，功冠有明一代。"

　　传说中刘基也曾作诗自比诸葛亮："三国鼎立诸葛亮，一统江山刘伯温。"这当然是后人的杜撰，以刘基平生的事迹和流传下来的诗文来看，他虽然才华不输诸葛亮，但绝不是狂傲之人，不会有这样的狂语。但这可以说明，在后来百姓的眼里，刘基的功绩是堪比诸葛亮的，甚至还要略高一筹：诸葛亮只是辅助刘备三分天下，而刘基可是辅佐朱元璋一统江山！从这点来看，刘基比诸葛亮要幸运得多，但是他也有较诸葛亮不幸的地方：刘备与诸葛亮君臣相得，诸葛亮"鞠躬尽瘁，死而后已"，刘备也以百般的信任相回报，甚至把身后事全权相托；而刘基则勉强算得上终归故里，得个善终罢了。

也许刘基的结局不甚理想，但难能可贵的是，不管他是意气风发的翩翩少年，还是多病缠身的垂垂老者；不管他是接近权力的巅峰、伴君身侧，抑或是处在人生的谷底、弃官归乡——他都不曾迷失过自我，不曾忘记过他平生的志向，要用自己的全部能力给百姓带来一个太平盛世。

说刘基是上天的宠儿，可能很多人都不服气，毕竟他命运多舛、饱经磨难。可是他出生在一个文武兼济的富裕家庭，幼年早慧、少年成名，博学多识、风度翩翩，不似凡境中人，难道这还不算受上天眷顾，是上天的宠儿吗？

元武宗至大四年（1311），刘基出生于青田县南田武阳村，这一方山清水秀、人杰地灵的福地，成为他坎坷多艰的后半生的精神避难所和疗伤地。

刘基的远祖战功赫赫、屡出将才，功勋最为卓著的是他的七世祖刘光世，他是南宋时期可以与岳飞、韩世宗并称的大将军，以勇武忠义称于世。到了其六世祖时，刘家又转而从文，刘基的曾祖官至翰林掌书；祖父是元太学的优等生，有资格以太学生的身份直接入仕，叫作太学上舍；他的父亲担任县学的教师，精通经术。刘基远祖的忠勇果敢、近祖的博学多识深深地影响着他。

泰定元年（1324），十四岁的刘基拜别了父亲到处州府衙所在地读书，老师是处州录事郑复初。这个时候元朝已经恢复了科举，刘基读书的主要目的就是要修习科举之业。郑复初为人方正、不苟言笑，同时也非常博学，不但精通伊洛之学（二程的理学），而且兼通天文、兵法。起初，郑复初对刘基有所不满。刘基随同老师先学习的是《春秋》，这是一部言简意深、晦涩难懂的儒家经典。郑复初从未见过刘基读《春秋》。盛怒之下，郑先生找来刘基训斥，刘基却平静地说他已经都理解并且背诵好了。郑先生更为愤怒，这个孩子不仅懒惰，居然还满口谎言。然而不管郑先生把《春秋》翻到哪一页，刘基都能倒背如流，甚至还能发微阐幽得出不同于前人的见解。郑复初大为赞赏，便把自己平生所学悉数相授，刘基则"凡天文、兵法、性理诸书，过目洞识其要"。郑复初曾颇为感慨地对刘基的父亲说："吾将以天道无报于善人，此子必高公之门矣。"

不负家族和先生的众望，至顺三年（1332），刘基一举考中了举人，第二年，刘基又凭一篇《龙虎台赋》名震大都，毫无疑问地考中了进士。十年寒窗，刘基就这样一路顺风顺水地拿到了仕途的敲门砖。

有人可能会认为进士而已，中国自隋朝起历朝历代的进士多如牛毛，名留史册被后人所知的又有几人，考中个进士没什么了不起。然而，元朝民族等级制度森严，自上而下分别是蒙古人、色目人、汉人、南人。元既然是取代宋朝的，那自然会对汉人多有提防，又怎么会允许汉人随随便便进入国家的权力中心呢？元朝科举分为左右两榜，蒙古人、色目人为右榜，汉人、南人为左榜。比起右榜，左榜的试题多、难度大、考生多、名额少，总之是层层限制、种种不公。在这种情况下，年仅二十三岁的刘基能够一考得中，这得有怎样的才学和智慧才能实现！上天又是多么地垂青于他啊！

得到上天的垂青是一件非常危险的事，这意味着你要经历比寻常人多得多的考验和磨难，刘基就是如此。他首先迎来的是来自内心的磨难。

刘基在至顺四年（1333）参加会试时还作过一篇文章《至顺癸酉会试春秋义》，集中地表现了他的夷夏观。这篇文章以中原诸国与楚国国势的此消彼长为例，借揣测孔子之意，道出了"嘉楚人之慕义，伤中国之衰微"的感慨。楚国地处偏远，蒙昧而不通礼义，然而在楚与中原诸国的通使交往中，楚国习得礼义日益强大，而中原诸国则丧失礼义而日渐衰微。刘基叹"夷狄猾夏"，更是在反思诸夏内部矛盾重重、不行王道而导致礼义尽失，终致衰落。刘基的这篇应试作文主要是阐释《春秋》经义，但从中我们可以感受到刘基对于华夏文化的崇尚以及对华夏文明在

六

帷幄奇谋刘基

当时暂时衰落的哀叹。现在刘基得以高中，虽说是喜事，但他以汉人的身份仕元，心中却不能不感到深深的矛盾和迷茫。

得中进士对于汉人来说，只是有了一张入仕的许可证，等待朝廷的委派是一个同样煎熬而漫长的过程。刘基回到了家乡青田，开始了苦苦的等待。这时的元朝早已不复当年跑马圈地，铁骑横扫亚非欧的强盛。接手中原六十年，元朝的统治者开始贪图享乐，彼此争权夺利；官僚越来越腐败，文武官员只顾着盘剥坑害百姓。老百姓难以忍受，农民起义星星点点地开始在全国燃起。腐朽的统治者固然不值得愚忠，但百姓苍生无过啊！效力于元朝政府，拯救一方百姓于水火，成了刘基仕元二十五年坚守的信条。

宦海沉浮

至元二年（1336），刘基二十六岁了，这时距离他当年考中进士已经有三年之久，刘基总算等来了朝廷的委任——江西高安县丞，相当于副县长的职务。在他上头还有正县长县尹，和朝廷委派在各级地方政府掌管军政实权的达鲁花赤。总算想通了的刘基并不嫌官小，相反他很珍视这次能够在地方济世救民的机会。

在由青田赴高安的路上，面对江南潮湿萧瑟的秋景，刘基即景赋诗《发安仁驿》一首："鸡鸣发山驿，天黑路弥险。烟树出猿声，风枝落萤点。江秋气转炎，嶂湿云难敛。伫立山雨来，客愁纷冉冉。"

诗中全无新官上任的激动欣喜，天暗路险、山猿哀鸣、秋气潮湿、山雨欲来，处处显出路途的艰辛。刘基对自己的前路有着清楚的认识，自己的为官之路绝不会是坦途。刘基为了勉励自己勤政爱民、不畏艰难，一到任就作了一篇《官箴》：强调治理百姓，首要的是要有一颗仁爱之心。若有顽固不可教化的百姓，则要用刑罚来加以警示。整顿懒惰，奖励勤勉，改变百姓艰难困苦的生活状态。疾病交加、困顿不堪的人，由我一手来扶持！

　　高安县这一带并不是个太平之地，地方豪强和官府相勾结，胡作非为、草菅人命。刘基上任后秉公办案、发奸摘伏，深受百姓的爱戴，却也触怒了豪强恶霸。当时，高安县附近的新昌州发生了一起人命案，凶手买通了当地的初审官，结果凶杀被轻判，成了误杀而结案。原告不服气，告到了上一级。瑞州知府知道刘基清明，便责成刘基去审理此案。刘基果然认真查案，审明了案件的真相，使得凶手依法受到了惩治，初审官也因渎职受贿被罢免了官职。刘基这一出手打破了这里官府和豪强之间互相勾结庇护的平衡，成为污浊官场的一个另类，也成了浊世当中既得利益者的共同敌人。丢掉官职的初审官对刘基怀恨在心，他依仗上官达鲁花赤的权力，将本应查案有功的刘基名为平调实则排挤出了高安。刘基新的职务是行省职官掾史，虽说也是个副职，但整天做的无非就是抄抄写写的杂事，他就算再才高盖世，又有何用！刘基期盼的心又一次掉进了冰窟窿。

　　这就是刘基的初次为官，一心为民主持正义，却被地方恶霸和贪官污吏联手逼入了死胡同。黄钟毁弃、瓦釜雷鸣正是一个朝代末世的景象！刘基不堪其辱，毅然交上了辞呈，给自己江西的为官经历画上了一个无奈的句号。这一年是至元六年（1340），这一年刘基三十岁。

　　刘基回了老家青田，洗去昔日官场的一身浊气，开始又一轮的"充电"和苦读，这次他不再为科举绸缪，而是广泛涉猎，为今后效力苍生积蓄能量。他"于书无不读，凡天文、地理、阴阳卜筮，诸子百家之言，莫不涉猎"。居家力学期间，刘基还有一次出游，游览了江浙一带的昔日繁华之地，然而映入满眼的不是游人如织、绿柳红花，而是断壁残垣、满目疮痍。一首《北上感怀》尽道出刘基看到民生艰辛、生灵涂炭的悲愤和自己空有济民之志却无以施展的苦闷："倦鸟思一枝，枥马志千里。营营劳生心，出入靡定止。伊余朽钝材，懒拙更无比。才疏乏世用，嗜僻惟书史。虽非济时具，颇识素餐耻。既怀黎民忧，妄意古人企。宁知乖圆方，举足辄伤趾。尘埃百病侵，贫窭万感累。艰难幸息肩，迟莫窃所喜。明时登骥骏，驽马但垂耳。自非冀北姿，莫羡追风驶。便欲解衣冠，躬耕向桑梓。终怀葵藿恋，不慕沮溺诡。"

刘基自嘲驽钝懒拙、才疏学浅，深感世事艰辛、步履维艰，但是"终怀葵藿恋"，仍抱有坚定的入世之心，不肯同长沮桀溺一样，乱世中只愿独善其身，他不是为了名利，只因对黎民苍生怀有责任和深深的悲悯，心愿和志向与他初入仕时无二。

刘基一路由南至北，官府的暴虐无道和老百姓的惨状深深地刺痛了他的心：官吏无视养育百姓的职责，置老百姓的痛苦灾患于不顾，不肯开仓放粮；田地荒芜，百姓尸骨遍地，更有甚者亲人相食，让人惨不忍睹；人必须聚集在一起才敢出行，即便这样，一夜也要多次被惊醒，哪有人敢安睡。这次远游，让刘基认识到元朝此刻就如暴风骤雨中的一艘朽烂的巨船，时时有倾翻的危险。兴，百姓苦。亡，百姓苦。元朝覆灭不过是改朝换代，可老百姓在这其中又将承受怎样的苦难！官，还是要做的！哪怕只能救济一方百姓，也是自我价值的体现！

至正八年（1348），刘基在江浙行省参知政事苏天爵的保荐下二登仕途，担任江浙行省儒学副提举、行省考试官，负责为国家选拔人才，这正是刘基心仪的职务，此年刘基三十八岁。然而上任不久，负责监管弹劾行省百官的行省监察御史渎职，刘基义愤难平。睁一眼闭一眼，看到污浊之事还闭口不言，那便不是刘基了。他向省宪台（行省的行政长官）举报了品秩比自己高的监察御史，结果省宪台不但不追究监察御史渎职的责任，反而斥责刘基的耿介之举。一群乌合之众！刘基二次辞官。

至正十二年（1352），为剿灭方国珍起义军对沿海郡县的滋扰，朝廷第三次起用刘基，命他担任浙东元帅府都事。元朝虽然腐朽，但仍是一个统一的国家政权，刘基依然把治国安民的希望寄托在朝廷之上，他接受了朝廷的任命。刘基剿灭方国珍的态度坚决并屡屡获胜，而朝廷的态度却相当暧昧，时招安时剿灭。正当刘基和上级江浙行省左丞帖里帖木儿决计剿捕方国珍之际，方国珍贿赂了朝廷要员，使得朝廷决定招安，并授予方国珍官职，相反斥责刘基和帖里帖木儿"擅作威福，伤朝廷好生之仁"。罢免了帖里帖木儿行省左丞一职，而刘基则被免官发配到绍兴羁管，形同软禁。刘基"发愤恸哭，呕血数升，欲自杀"，忠而见弃，刘基对元朝廷心灰意冷。

至正十三年（1353），刘基带着全家到了绍兴接受羁管。然而方国珍并未接受朝廷的招安，而是继续在海上阻绝粮运。朝廷多次发兵征讨，但是都被方氏所破。与此同时安徽人刘福通、郭子兴等所发起的红巾起义势头也越来越猛，元朝廷此时又想起了刘基。至正十六年（1356），刘基再次被起用为行省都事。凡是有点脾气还要尊严的人，应该都会对朝廷的再次征召不予理睬，至少也该摆摆架子。怎么，要用人的时候百般恭敬笑脸相迎，不用的时候就罗织罪名、弃如敝屣。然而，刘基二话没有，简单收拾好行李就上路了。至正十七年（1357），刘基升任行枢密院经历，辅佐石抹宜孙，负责处州一带的"平乱"事宜。此时，元王朝被多个起义军政权分割得四分五裂，只有处州、绍兴等为数不多的地方尚能自保。这本应有刘基的功劳，但老对头方国珍故技重施，贿赂朝廷重臣，接受贿赂的大臣便回护方国珍，说方国珍反叛是因为刘基的征讨逼迫所致，并将刘基降职为儒学副提举。简直是滑天下之大稽！委任的诏书下达之时，刘基设香案于中庭，拜告说："臣不敢负世祖皇帝，今朝廷以此见受，无所宣力矣。"对于这样的朝廷，我已经无能为力了。不久，刘基第三次递交了辞呈。这一年是至正十八年（1358），刘基已经四十八岁了。

纵观刘基仕元的四进四退，二十余年间，刘基从一个踌躇满志的青年蹉跎为一个即将知天命的老人，他自知自己的能力与才华，明白自己人生的价值所在，却屡屡明珠暗投，致珠玉蒙尘。他在一次次的希望又失望后，对元朝的统治者也有了越来越清醒的认识。

在《感时述事十首》（其五）中，他说："古人有战伐，诛暴以安民。今人尚杀戮，无问豺与麟。滥官舞国法，致乱有其因。何为昧自反，一体含怒瞋。斩艾若草芥，虏掠无涯津。况乃多横敛，殃祸动辄臻。人情各畏死，谁能坐捐身？所以生念虑，啸聚依荆榛。暴寡惮强梁，官政惟因循。将帅各有心，邈若越与秦。迁延相顾望，退托文移频。坐食挫戎机，养虺交蛇鳞。遂令耕桑子，尽化为顽嚚。大权付非类，重以贻笑颦。鼠璞方取贵，和璧非所珍。但恐胥及溺，是用怀悲辛。"

他看到了国家动乱的原因在于"滥官舞国法"，文官迁延顾盼、贻误政事，武将各怀私心、无意报国，官府处处横征暴敛、民不聊生，百姓起义是因为"人情各畏死"，谁也不能坐以待毙。问题的根源不在于百姓，而在于国家的统治阶层已经腐朽入骨。偌大的元帝国已经病入膏肓了。

刘基再次回到了老家青田，虽说是退隐山中，但是他的目光从不曾离开天下，刘基不是在沽名钓誉，他是在观察，他要在乱世之中寻得一线可以还天下以太平、予百姓以安定的希望。五十岁的刘基已经呈现出老态，但是他的初衷、他的本心一直没有改变。

从著书到辅政

生逢乱世，刘基无从选择；元朝的败亡，刘基无力改变。再次辞官后的刘基至少可以决定自己余生的人生走向。

回到家中，刘基开始著书立说，撰成《郁离子》。"郁"意为有文采的样子，"离"在八卦中代表火，"郁离"代表着文明和智慧，意为天下后世若用斯言，便可抵文明之治。刘基便是要通过这本书传达智慧，表现自己的社会理想。

在《郁离子·天地之盗》中，刘基将人对自然的合理开采运用叫作"天地之盗"，将人对自然的无度索取叫作"人之盗"。"天地之盗"使天地的生产源源不绝，而百姓亦可丰衣足食，这是人与天地的和谐相处。"人之盗"使天地"物尽而藏竭"，而人亦无处安身，这是人对天地的破坏，是天地对人的惩戒。不得不感慨刘基的智慧，早在六百多年前，他通过对人类社会和自然的观察就提出了保护自然环境、维护生态平衡的主张，让短视浅见的今人自愧弗如。然而刘基的意图并不完全在此。统治者与百姓的关系不正如人与天地的关系吗？人不能对天地开采无度，统治者能对百姓任意索取吗？园圃要养育，采撷要适度，才能保证厨房里的食物源源不竭，那么统治者对百姓也要用心养育，这个国家才能有稳固的根基，才会有源源不竭的财富与力量。

那么，这个懂得如何盗天的"圣人"，能够育得园圃的"圃人"，能够爱民如子的天子何时才能出现呢！

至正十九年（1359），四十九岁的刘基终于等来了朱元璋对自己的召唤。

这一时期起义的形势迅猛发展，朱元璋领导的义军是其中的一匹黑马。朱元璋要求将士们"克敌以武，安民以仁"，不能滥杀百姓，如有士兵违反，便立即宣布斩首示众。朱元璋的宽仁政策很快获得了民心，自然也获得了刘基的青睐。其实，刘基也有过参与争夺天下的机会。刘基驻守处州时，省宪曾准许他可以自募义兵，刘基因此拥有一支自己的地方武装。刘基归隐时，他所招募的义兵多数跟随他来到青田，以躲避方国珍的滋扰残虐。这些人中有的就曾建议他："今天下扰扰，以公才略，据括苍，并金华，明越可折简而定，方氏将浮海避公矣。因画江守之，此勾践之业也。"这是让他学勾践，倚仗兵力据守一方，再谋大计。刘基当然是拒绝了，只是笑笑说："天命将归，子姑待之。"可见刘基对于权势并没有什么欲望，对于天下也并无野心。辅佐明君，助其成大业以安民，刘基的初心经得起考验。

朱元璋为了一统江山，求贤若渴，他命孙炎邀请浙东四先生同赴金陵，宋濂、叶琛、章溢三人都欣然应允，而刘基却一再婉拒。《明史》上记载："以币聘。基未应，总制孙炎再致书固邀之，基始出。"刘基随孙炎至金陵之初，与朱元璋有一场对话，堪比诸葛亮与刘备那场著名的"隆中对"："太祖问征取计，基曰：'士诚自守虏，不足虑。友谅劫主胁下，名号不正，地据上流，其心无日忘我，宜先图之。陈氏灭，张氏势孤，一举可定。然后北向中原，王业可成也。'太祖大悦曰：'先生有至

计，勿惜尽言。'"（《明史·刘基传》）

刘基认为张士诚怯懦只知自守，不值得忧虑。陈友谅劫持主上威胁属下，名号不正，但他地处上游，有灭掉朱元璋的野心。陈友谅一旦被消灭，张士诚势力孤单，就可以一举拿下。这之后向北平定中原，那么王业就可以成功了。刘基的这一番对敌人的分析简要而直中要害，为朱元璋定下了统一全国的战略大计。

刘基料定陈友谅自恃兵力强大、傲慢骄纵，在大敌来临前，为朱元璋定下了"待其深入，伏兵邀取之"的计策。刘基安排与陈友谅有交情的康茂才前去诈降，诱使陈友谅放弃有优势的水路，而进入陆上事先安排好的埋伏圈，常遇春、徐达等大将事先埋伏好，等作战的信号一发出便迅速围歼敌人。陈友谅自知中计，令将士速回战船撤退，偏又逢落潮，巨大的战船被迫搁浅，陈军两万兵士被俘。这场以少胜多的战役发生在应天龙湾，史称龙湾大捷，成为朱元璋、陈友谅之战的转折点，也成为朱元璋宏图伟业的至关重要的一步。

刘基的智慧谋略让人惊叹！他对敌人陈友谅的每一步预料没有丝毫偏差，对敌人的盟友张士诚的反应也是了如指掌，张士诚在陈友谅被困时果然不想蹚这趟浑水，轻轻松松地看了场热闹。孙子曰："知彼知己，百战不殆。"刘基了解敌人甚至胜过敌人对他们自己的了解。

此后刘基又随朱元璋与徐达、常遇春等人攻克了安庆、江州龙兴等地，作为谋士，刘基运筹帷幄、战无不胜。可能由于刘基的足智多谋，算无遗策，又可能因为刘基熟识天文、卜筮、谶纬之学，有关刘基能够观天象、知吉凶、卜胜负的传说也渐渐流传开来。

呕心沥血心系苍生

至正二十三年（1363），朱元璋、陈友谅决战的大幕终于拉开。决战战场是在鄱阳湖。朱元璋率兵二十万对战陈友谅六十万大军。显而易见，这是一场异常艰巨、决定存亡的战斗。决战前夕，朱元璋望着敌军的楼船巨舰，心生惧意，便问刘基天象、气色如何？刘基望了望天象，坚定地说："我兵必胜之气，当力战。"这无疑是给了朱元璋一颗定心丸并且鼓舞了士气。大战中，刘基一直同朱元璋共乘一船，为朱元璋出谋划策。双方正打得昏天暗地之时，刘基突然跳起来大喊："难星过，速更舟！"刘基从来没有这样惊惶失色过，朱元璋不敢耽搁，迅速更换了船只，二人刚刚站定，炮火便将他们原来的船只炸得粉碎，鄱阳湖大战使朱元璋除掉了他最有力的强敌，他自封为吴王，距离统一天下又近了一步。

出任朱元璋的谋士，助其征战这段时间，应该是刘基人生中最为辉煌的一个阶段，朱元璋对他言听计从，将士对他无比依赖和敬仰，只要刘先生在，那便有了胜利的保证。其间，刘基的母亲病逝，他悲痛欲绝，欲归乡丁忧。

朱元璋在作战的关键时刻，对刘基非常不舍，亲撰《御制慰书》如下："今日闻知老先生尊堂辞世去矣，寿八十余岁。人生在世，能有几个如此？先生闻知，莫不思归否！先生既来助我，事业未成，若果思归，必当且宽于礼。我正当不合解先生休去，为何？此一小城中，我掌纲常，正宜教人忠孝，却不当当先生归去。昔日徐庶助刘先主，母被曹操将去。庶云：'方寸乱矣，乞放我归。'先主容去，致使子母团圆。然此先生之母若生而他处，以徐庶论之，必当以徐庶之去。今日先生老母任逍遥之路，踏更生之境，有何不可？先生当以宽容加餐，以养怀才抱道之体，助我成功，那时必当遣官与先生一同乡里荐母之劬劳，岂不美哉！"

朱元璋将刘基与三国时徐庶相比，表达了自己对刘基的劝慰和理解，还有对刘基的极力挽留，字里行间满含慰恤之情和殷切的期盼，足见对刘基的信赖和倚重。

作战胜利后，朱元璋更是多次要封赏刘基，但刘基每每推辞，把功劳都算在将士们的身上。对于名利这种身外之物，刘基一直都保持着一种淡然和疏远的态度。"君子不役于物"说的应该就是刘基这样的人吧。

洪武元年（1368），大明王朝建立，刘基辅佐朱元璋完成了统一大业，他自青年时期起便一直未变的人生追求也在逐步实现。多年的战乱使中华大地满目疮痍，只有安定百姓，恢复生产，完善制度，才能还百姓一个太平盛世。

战争不再，刘基摆脱了军师的身份，转而投入到了新王朝的建设当中：定都应天、制定律例、复兴科举、整顿纲纪、敷陈王道……每一件事刘基都亲力亲为，朱明王朝的制度建设刘基功不可没。在探讨为政的宽猛时，刘基向朱元璋阐述了"生息之道，在于宽人"的道理，意图使朱元璋及其继承者们能够宽人爱物，以生民为念。朱元璋感念刘基呕心沥血的付出，给予了刘基家乡青田免征五合粮税的恩典。

似乎一切都在向着刘基期待的方向发展，已年近六十岁的刘基为朱元璋奔走效力十余年，尽管此时已经年老体衰，但是他的心中依然涌动着不绝的动力和热情。新的王朝已经建立，他是多么渴望"明"这艘巨船能够载着百姓万年长安，为了这个目标，为了将"明"建设为百姓的乐土，就算将他的生命燃尽也毫不足惜。此时刘基任职御史中丞，负责监察纠弹百官。刘基曾仕元二十余年，他亲眼看到贪腐暴虐的官吏是怎样将元一步步从内部蚀空，又一步步引向灭亡。在其位，谋其政，刘基绝不会容许同样的事情在刚成立的明王朝发生！自刘基二十六岁初次为官，定下《官箴》，至此跌宕起伏血雨腥风三十二年，他的为官信条从未变过。但是时代在变，环境在变，人心也在变，以刘基的智慧和洞察力，他绝不会感觉不出来，但是此时的刘基与当年仕元四起四落时的刘基，与辅佐朱元璋平定天下草创大明的刘基，并无不同。

天下刚定，最早跟随朱元璋打天下的一批淮西官僚得到了朱元璋的倚重，实力强大，为首的便是朱元璋的老乡李善长。洪武元年，朱元璋北巡汴梁时，李善长的亲信李彬触犯了法律，应当问斩。李善长亲自为其求情而刘基却不为所动，奏请朱元璋并得到了他的支持。当时正值大旱，李善长便借口祈雨时不能杀人加以阻拦，刘基反感其徇私枉法，果断将李彬斩于祭坛之下。李善长怀恨在心，在朱元璋回京后便在其面前诋毁刘基，说他专断狂妄。这一评价，引起了朱元璋的戒备心理，朱元璋喜欢将所有人都掌控在自己手中，"专断"之人的出现绝不是他乐于见到的。"君臣相得"的美好过往就这样轻而易举地被打破了。

洪武二年（1369），朱元璋欲迁都故里临濠，刘基极力反对，说："凤阳虽帝乡，非建都地，王保保未可轻也。"此时元将王保保统帅十万军队伺机而动，耗费大量人力财力去营建新都，确非良机。刘基的犯颜直谏使朱元璋极度不满，君臣间隔膜进一步加深。

李善长的恃功而骄同样引起了朱元璋的不满。同一年，朱元璋曾将刘基留在宫中吃了顿便饭，当中，他提出要以刘基代李善长为相，这也是要试探一下刘基的态度，看他有没有夺权的野心。刘基当然拒绝。朱元璋又提出三个人来，其中有刘基的学生杨宪、刘基故交汪广洋、政坛新秀胡惟庸，让刘基评价一下这三人是否可任相位。刘基逐一评价，对三人都予以否定，毫无结党营私、笼络权臣之意。此番评价竟然泄露了出去，得罪了心胸狭窄的小人胡惟庸。胡惟庸一直记恨在心，得到机会便指使下属，诬告刘基要迁墓到家乡附近的谈洋，因为谈洋有王气。这番话触动了朱元璋，他取消了刘基的爵位和俸禄，使一个病弱的老人有家不敢归，只能滞留在京师，欲辩不能，欲哭无泪。

由此一直到病死于家中，刘基再没得到朱元璋的起用。

刘基穷后半生之力，辅佐朱元璋登上帝位，然而明成立后仅两年，他便由被信任、被倚重者变成了被怀疑、被打压者。刘基跟随朱元璋十余年，他怎会不了解朱元璋多疑的性格；他为官四十载，怎会不懂得官场处处暗流涌动、机栝陷阱。他本可以成为权臣，但至死获得的最高官职不过是御史中丞；他本可以高爵厚禄，但最后仅仅能够归老桑梓。

刘基不是不能，而是不为。

回顾刘基的一生，他从来没有停止过追求的脚步，"百姓"二字，在他心中重逾泰山。他对自己的人生有明确的定位，他对自身的价值有充分的自信，他的每一步都向着他的人生目标在不断靠近。智慧、宽仁、耿介、执着便是他追求的一生的最佳注脚。明朝虽然没有千秋万代，百姓虽然仍饱受奴役盘剥，但是人们记住了刘基这个名字，认可他的功绩，流传他的文章，传颂他神仙般的智慧和能力，并将他与士人的理想人物诸葛亮相比肩。

七 忠直殉道方孝孺

便十族，奈我何

明洪武二十五年（1392），朱元璋最疼爱的太子朱标因病去世。于是，朱元璋又立太子朱标的次子朱允炆为皇太孙。年仅十五岁的朱允炆一下子便成了大明江山的首席法定继承人。洪武三十一年（1398），在位整整三十年的朱元璋因病驾崩，皇太孙朱允炆理所当然地即位为帝。朱允炆即位后改年号为建文，因而后世也称其为建文帝。

朱允炆即位也引起了朱元璋众多子嗣的嫉妒和愤恨。为了使朱允炆能够坐稳江山，不再因帝位之争而令诸王相互残杀，朱元璋曾留下遗诏，明令驻守边关的诸王不可以奔丧为名进京，以防兴兵作乱。据《明史·太祖本纪》记载："朕膺天命三十有一年，忧危积心，日勤不怠，务有益于民。奈起自寒微，无古人之博知，好善恶恶，不及远矣。今得万物自然之理，其奚哀念之有？皇太孙允炆，仁明孝友，天下归心，宜登大位。内外文武臣僚同心辅政，以安吾民。丧祭仪物，毋用金玉。孝陵山川因其故，毋改作。天下臣民，哭临三日，皆释服，毋妨嫁娶。诸王临国中，毋至京师。诸不在令中者，推此令从事。"

但是，当时驻守在燕京的燕王朱棣却无视明太祖朱元璋的遗诏，仍率领大军直奔京都南京而来。朱允炆得知消息后，立即强令燕王朱棣返回燕京待命。这更引发了朱棣对侄子朱允炆的不满。当然，拥兵自重的众多皇叔驻守边关也让建文帝朱允炆忧心忡忡、如坐针毡。

建文元年（1399），建文帝朱允炆考虑到诸王权势太大，因而与自己的亲信兵部尚书齐泰、太常侍卿黄子澄密谋削藩。经周密衡量，燕王朱棣实则为众藩之首，要削藩燕王朱棣首当其冲。公开削藩这一举措直接激化了叔侄矛盾，燕王朱棣直接起兵，并且以"清君侧"为由挥师南下。从建文元年（1399）开始，一直到建文四年（1402），燕王朱棣与建文帝朱允炆之间进行了持续四年的战争。最终，朱棣攻下南京取得了胜利，这场战争就是历史上著名的"靖难之役"。

燕王朱棣攻陷南京后，全城缉拿当时为建文帝朱允炆谋划削藩的几个"奸臣"。自然，兵部尚书齐泰、太常侍卿黄子澄这几个朱允炆的文武亲信在所难免。除此之外，还有一个重要的角色就是文学博士方孝孺。在朱允炆登基后，方孝孺就被请进南京城御聘为翰林侍讲。翰林侍讲是什么官职呢？就是专门为皇帝讲授知识学问的，但是，"靖难之役"后，一代帝王师一下子变成了阶下囚。

据说在朱棣从北京发兵之日，道衍和尚就联想到朱棣攻破南京后的情形。他曾向朱棣力保方孝孺。《明史·方孝孺传》载："先是，成祖发北平，姚广孝以孝孺为托，曰：'城下之日，彼必不降，幸勿杀之。杀孝孺，天下读书种子绝矣。'"

对"靖难之役"总策划的请求，朱棣非常爽快地答应了。攻下南京后，方孝孺果然不屈服，朱棣也的确没有杀方孝孺。朱棣将方孝孺囚禁在狱中，隔三岔五就派他的学生去劝说他弃暗投明。

燕王朱棣登基后想着要诏告天下。替朱棣拟就诏书，谁是最合适人选呢？没承想群臣异口同声一致推举方孝孺。于是，明成祖朱棣召见方孝孺。谷应泰所著的《明史纪事本末》中较为详细地记述了明成祖朱棣召见方孝孺的对话过程。

"文皇谕曰：'我法周公辅成王耳！'孝孺曰：'成王安在？'文皇曰：'伊自焚死。'孝孺曰：'何不立成王之子？'文皇曰：'国赖长君。'孝孺曰：'何不立成王之弟？'文皇降榻劳曰：'此朕家事耳！先生毋过劳苦。'左右授笔札，又曰：'诏天下，非先生不可。'孝孺大批数字，掷笔于地，且哭且骂曰：'死即死耳，诏不可草。'文皇大声曰：'汝安能遽死。即死，独不顾九族乎？'孝孺曰：'便十族，奈我何！'声愈厉。"

从两人之间的对话可以看出，方孝孺面对皇权的淫威毫不畏惧，依然坚持自己的理想和操守，即使朱棣以灭九族相威胁，他仍然选择厉声痛骂。在方孝孺的眼中，朱棣不是周公，而是乱臣贼子。因此，方孝孺誓死不为朱棣写诏书。这可极大地激怒了明成祖朱棣。诛灭九族，你不怕；便十族，奈我何！好，那就灭你十族。于是，朱棣大开杀戒，方孝孺被灭了十族。

何谓九族？《三字经》有云："高曾祖，父而身。身而子，子而孙。自子孙，至玄曾。乃九族，人之伦。"这是按照父系家族从自身算起上下各加四代的说法。还有一种说法是指父族四、母族三、妻族二。这就不仅仅是从父系家族算起了，就连外祖父一家、外祖母的娘家、岳父一家、岳母的娘家以及已经出嫁的姑

				高祖父母				
			曾祖姑	曾祖父母	曾叔伯祖父母			
		族祖姑	祖姑	祖父母	叔伯祖父母	族叔伯祖父母		
	族姑	堂姑	姑	父母	叔伯父母	堂叔伯父母	族叔伯父母	
族姐妹	再从姐妹	堂姐妹	姐妹	己、妻	兄弟兄弟妻	堂兄弟党兄弟妻	再从兄弟再从兄妻	族兄弟族兄妻
	再从侄女	堂侄女	侄女	子媳	侄侄媳	堂侄堂侄妇	再从侄再从侄妇	
		堂侄孙女	侄孙女	孙子孙媳	侄孙侄孙妇	堂侄孙堂侄孙妇		
			侄曾孙妇	曾孙曾孙妇	侄曾孙侄曾孙妇			
				玄孙玄孙妇				

九族图

姑、姐妹、女儿等都要牵连进来。无论哪种说法，被株连九族听听都令人毛骨悚然。但是，灭十族却是闻所未闻的事情。什么人又可以算作第十族呢？于是，方孝孺的朋友和学生被视为第十族，横祸天降。

朱棣要诛灭方孝孺十族，手段十分残忍。据称每抓来一人都要在方孝孺面前行刑，以此来逼迫方孝孺就范。但是，方孝孺自始至终没有屈服，据称在方孝孺眼中，前前后后有八百七十三人因此被诛杀。最后，方孝孺在悲恸中慷慨就戮，临刑前写下了绝命词："天降乱离兮孰知其由，奸臣得计兮谋国用犹。忠臣发愤兮血泪交流，以此殉君兮抑又何求。呜呼哀哉，庶不我尤！"

方孝孺死后，受牵连被下狱充军的还有千余人。有人认为株连十族代价太大，方孝孺的死不值，愚忠害人害己。但是，方孝孺是为坚持自己的理想而死。方孝孺忠君而不惜死，为国而不惜身。他刚正不阿、舍生取义，他死得惊天地泣鬼神。

在方孝孺死后一百八十三年，万历皇帝即位后下诏给方孝孺平反，"建文诸臣，已蒙显戮。家属籍在官者，悉宥为民，还其田土。其外亲戍边者，留一人戍所，余放还。"

方孝孺心中的浩然正气始终与世长存，方孝孺誓死不屈、宁为玉碎不为瓦全的气节为后人所敬仰。明万历年间，汤显祖在南京雨花台为方孝孺修墓建祠。李鸿章为方孝孺立碑并手书"明方正学先生之墓"。郭沫若也题词"方孝孺骨鲠千秋"。胡适对于方孝孺的评价极高，他曾说："方孝孺是明初一个了不起的人。外人常说中国很少殉道的人，或说为了信仰杀身殉道的人很少，但仔细想想，这是不确的。我们的圣人孔夫子在两千五百多年前，就提倡'有杀身以成仁，毋求生以害仁'，这是我们的传统。在中国历史上有独立的思想、独立的人格而殉道的不少。方孝孺就是为主张、为信仰、为他的思想而杀身成仁的一个人。"如今，方孝孺家乡更是以鲁迅所给予的"台州式的硬气"为傲。

深愧渊明与孔明

　　方孝孺是宁海人。他字希直，号逊志，因为在汉中府任教授时，蜀献王为其读书处赐名"正学"，所以又有"正学先生"之称。方孝孺天资聪明，自幼就喜好读书。据说他十多岁时就能够一整天闭门读书，每天坚持读书超过一寸多厚。所以，乡邻把他比做"唐宋八大家"之首的韩愈，都叫他"小韩子"。

　　方孝孺师承明初大儒宋濂，其文采尤得宋濂的青睐。宋濂曾为方孝孺写过一篇《送方生还宁海》。在文中，他对方孝孺赞赏有加，字里行间难掩对方孝孺的喜爱。

　　在宋濂看来，"凡理学渊源之统，人文绝续之寄，盛衰几微之载，名物度数之变"，精敏绝伦的方孝孺凭胸中之才日后定能匡扶天下协理国政。果然，在洪武十五年（1382），朱元璋召见了二十五岁的方孝孺，经过一番交谈，朱元璋认为方孝孺是个治国安邦的人才。于是他对当时的太子朱标说："此庄士，当老其才。"朱元璋这句话是什么意思呢？朱元璋充分肯定了方孝孺端庄之品行，但是现在还不是用方孝孺的时候。也许朱元璋想着让他再历练历练，等到他臻于老到的时候就可以为太子朱标所用了。

方孝孺的人生经历果然如朱元璋所言是要经过一番历练。不久，他被朱元璋的第十六子蜀献王聘为世子教授。建文帝朱允炆登基后，他又被聘为翰林侍讲，成为皇帝的智囊团核心成员。方孝孺为什么能够频得藩王帝王的青睐呢？因为他"禀绝世之资，慨焉以斯文自任"，他能够"以生民为虑，王道为心"。

方孝孺不仅才华横溢，而且在为文和为人方面追求真我，主张言为心声、文为心声。《明史·方孝孺传》载："孝孺工文章，醇深雄迈。每一篇出，海内争相传诵。"

方孝孺志向颇高，他曾在闲居之时赋诗自比为凤凰来表达自己高远的理想。在《闲居感怀》诗中，他畅言抒怀："凤随天风下，暮息梧桐枝。群鸥得腐鼠，笑汝长苦饥。举头望八荒，默与千秋期。一饱亮易得，所存终不移。"

在洪武三十一年（1398）的立春日，方孝孺又接连写下了两首《立春偶题》，第一首："万事悠悠白发生，强颜阅尽静中声。效忠无计归无路，深愧渊明与孔明。百念蹉跎总未成，世途深恐误平生。中宵拥被依墙坐，默数邻鸡报五更。"

不难看出，在诗中方孝孺对自己报国无门郁郁不得志的现状表示了担忧。尤其是第一首中的"效忠无计归无路，深愧渊明与孔明"真切表达了自己的心声。在这种心怀报国之志却英雄无用武之地的情况下，是不是可以学学陶渊明和诸葛亮呢？像陶渊明那样归隐田园追求自身的高洁？但是时下自己却还在为五斗米而折腰。像诸葛亮那样鞠躬尽瘁，死而后已？但是自己却空有一身本事而无处施展。进也不是，退也不是。岂不是"深愧渊明与孔明"！

但是，内心极其矛盾的方孝孺还是对未来抱有希望的。他在《溪渔子传》中也曾直言："古者，豪杰士其身未遇，志未信于时，宁晦于屠钓以自全，不忍以细利挫其心，彼诚有以真知轻重之分也。溪渔子坐都邑中，而远利诡隐，使人莫测其浅深，此其志不苟且也，明矣。"

终于，机会来了。建文帝朱允炆登基后，方孝孺成为皇帝的"文胆"，可以一展雄心了。

自此之后，心思纯正、追求真我的方孝孺便一门心思为建文帝出谋划策，可谓是废寝忘食、殚精竭虑。他在《深虑论》中将自己将要为皇帝鞠躬尽瘁的态度表达得清晰明了。他说："虑天下者，常图其所难而忽其所易，备其所可畏而遗其所不疑。然而，祸常发于所忽之中，而乱常起于不足疑之事。岂其虑之未周欤？盖虑之所能及者，人事之宜然，而出于智力之所不及者，天道也。"

方孝孺要为天下苍生而深谋远虑，他甚至也预料到了自己的结局，他在《豫让论》中直言："士君子立身事主，既名知己，则当竭尽智谋，忠告善道，销患于未形，保治于未然，俾身全而主安。生为名臣，死为上鬼，垂光百世，照耀简策，斯为美也。苟遇知己，不能扶危为未乱之先，而乃捐躯殒命于既败之后；钓名沽誉，眩世骇俗，由君子观之，皆所不取也。"因此，在朱棣攻破南京城后他就准备好了后事，他要杀身成仁，他敢于为心中的真我而牺牲一切。

《四库全书》高度评价了方孝孺的才学，也肯定了他的心志与追求。"孝孺学术醇正，而文章乃纵横豪放，颇出入于东坡、龙川之间。盖其志在于驾轶汉唐，锐复三代，故其毅然自命之气发扬蹈厉，时露于笔墨之间，故郑瑗《井观琐言》称其志高气锐，而词锋浩然，足以发之。"

方孝孺为了心中的追求而以身殉节，即使面对明成祖朱棣灭十族的威胁他依然没有屈服。他心中有一个"富贵不能淫，贫贱不能移，威武不能屈"的大丈夫在，有一个敢于担当的君子在，有一个真我在。谁承想，"深愧渊明与孔明"的方孝孺如今成了历代感叹的对象！

七
忠直殉道方孝孺

八 人间赤子于谦

社稷为重君为轻

　　明正统十四年（1449），中国历史上发生了一件重要的大事——"土木之变"。在"土木之变"中，几十万明军大溃败，明英宗被瓦剌俘虏，大明王朝危在旦夕。

　　消息传到北京后，大明王朝朝野上下震惊。皇太后急忙之中下诏立明英宗朱祁镇的长子朱见深为太子。国难当头，年仅两岁的朱见深哪有能力力挽大厦将倾之狂澜呢？于是，皇太后又立明英宗朱祁镇的异母弟弟郕王朱祁钰任监国，总理国政。

　　在朱祁钰总理国政的过程中，宫廷一片混乱，朝中群臣形成了坚守北京的主战派和主张避难的南迁派。时任兵部侍郎、主持兵部工作的于谦则态度鲜明地坚决反对南迁，力主留守北京。于谦以南宋为前车之鉴，主张防守北京，与也先决一死战。据《明史》记载："谦厉声曰：'言南迁者，可斩也。京师天下根本，一动则大事去矣，独不见宋南渡事乎！'"

　　"土木之变"是怎么回事呢？原来明朝的边患从来没有彻底清除。蒙古瓦剌部逐渐强盛后，经常向边境发动袭击，扰乱明朝边境的治安。明英宗正统十四年（1449），瓦剌首领也先率部向明朝内地大举进攻。明英宗在擅权的大宦官王振的挑唆之下率五十万大军御驾亲征。我们都知道行军打仗的后勤保障很关键。俗话说"兵马未动，粮草先行。"而王振就犯了这样一个众人皆知的行军大忌。五十万明军浩浩荡荡出居庸关，粮草却没有及时跟上。结果大军还没到大同就有大量士兵饿死，一路行军，饿殍遍地。加上瓦剌首领设计佯退，诱敌深入，明朝先头部队全军覆没。仓促间，明英宗和王振又决定班师回朝。在回京的路上，王振一心想着邀请明英宗朱祁镇临幸自己的家乡蔚州以炫耀自己的权势。但是，他又担心大军行走会踏坏自己的田地。于是，绕道宣府而行，结果耽误了回程。明军滞留土木堡后，被瓦剌兵重重包围。在被断水断粮之后，明英宗突围不成反被瓦剌俘虏。

在这种情况下，于谦毅然以社稷安危为己任，坚决站在大明的立场清理了宦官王振的余党，稳定了政治大局，并且义正词严主张坚守北京。但是，当时的北京城缺兵少粮，人心惶惶，朝廷上下谁也没有必胜的信心。于谦紧急从北京、河南、山东和南京等地调派备倭军、运粮军等开赴北京备战。同时，他又命令开赴进京的军队先绕道通州搬运军队所需粮草，然后进京。

在北京城外，一面是也先挟持着英宗，一面是于谦率领着二十二万军马，坚守城外。于谦下令关闭城门，有"临阵将不顾军先退者，斩其将；军不顾将先退者，后队斩前队"。于是，明朝军队在于谦的指挥下同仇敌忾打退了也先。当时德高望重的吏部尚书王直激动不已，感慨万千，说道："国家危难之时，正赖于公辈支撑。今日之事，虽有百个王直何能为！"北京保卫战取得了胜利。于谦随后升为兵部尚书。

但是，此时的明英宗还被也先挟持着呢。国不可一日无君，于谦等人又斟酌利弊，审时度势奏请皇太后立郕王朱祁钰为帝。于谦提出"社稷为重君为轻"，主张朱祁钰以国家社稷为重登皇帝之位。于是，朱祁钰登基改元景泰，定 1450 年为景泰元年，尊明英宗朱祁镇为太上皇。朱祁钰由郕王一下子变成了景泰皇帝。

于谦毅然坚持以社稷安危为己任，他慷慨直言，上书景泰皇帝："寇得志，要留大驾，势必轻中国，长驱而南。请饬诸边守臣协力防遏。京营兵械且尽，宜亟分道募民兵，令工部缮器甲。遣都督孙镗、卫颖、张軏、张仪、雷通分兵守九门要地，列营郭外。都御史杨善、给事中王竑参之。徙附郭居民入城。通州积粮，令官军自诣关支，以赢米为之直，毋弃以资敌。文臣如轩輗者，宜用为巡抚。武臣如石亨、杨洪、柳溥者，宜用为将帅。至军旅之事，臣身当之，不效则治臣罪。"

于谦坚持"社稷为重君为轻"，并且明确提出不要受也先要挟，改立朱祁钰，这一做法得到了皇太后和群臣的一致认可。因为于谦的主张源自《孟子》，具备充分的理论根据，而且完全站在大明江山的立场上行事。

孟子在《孟子·尽心下》中曾说："民为贵，社稷次之，君为轻。是故得乎丘民而为天子，得乎天子为诸侯，得乎诸侯为大夫。诸侯危社稷，则变置。牺牲既成，粢盛既洁，祭祀以时，然而旱干水溢，则变置社稷。"

说到这段话，就不得不说一下朱元璋曾经颁布的《孟子节文》。据说在洪武年间，朱元璋突然将手中正在读的《孟子》一书摔在地上，大声说："使此老在今日，宁得免耶？"朱元璋的意思是说要是这老头活到今天，还能免得了处罚吗？这又是怎么回事呢？原来朱元璋读到了"民为贵，社稷次之，君为轻"，便看不下去了。难道是说与老百姓和国家相比，国君最不重要？朱元璋读到后面一句话更是咬牙切齿，对孟子恨之入骨。"君之视臣如手足，则臣视君如腹心；君之视臣如犬马，则臣视君如国人；君之视臣如土芥，则臣视君如寇雠。"在朱元璋看来，孟子的这段话简直是大逆不道。于是，朱元璋立刻召见文臣，宣布即日起"罢免孟子配享孔庙"，将孟子的牌位撤出孔庙。

此命一下，举朝哗然。后经刑部尚书钱唐求情，孟子配享孔庙的资格才又恢复。但是，朱元璋还是觉得不能听任《孟子》里的流毒蔓延。于是，他想出一个好办法——删孟，将那些自己看着不顺眼的"反动文字"全都删去。于是，《孟子节文》这本奇葩之书在洪武年间诞生了，《孟子节文》共砍掉孟子的"反动文字"原文85条。对于《孟子节文》中没有的孟子言论，"科举不以取士，考试不以命题"。

当然，以《孟子节文》为科举考试范围的时间也不长。到永乐九年，文官们奏请明太宗朱棣停止将《孟子节文》作为科举指定参考书，而改为以宋朝理学家朱熹的思想为科举出题和评分的标准。从此以后，《孟子节文》虽然不再被提及，但是明朝众多文人还是十分忌惮文字狱的，并且人人以历史上的传闻为鉴。

而今于谦在涉及帝王更换的抉择面前，勇于以孟子言论为根据，提出"社稷为重君为轻"，可谓正义凛然。此后，明朝加强了边防守备，使得也先的几次侵扰都无功而返。也先在多次以明英宗为要挟的阴谋被识破后，决定送明英宗回朝，以激化明朝内部的矛盾。在涉及皇族内部皇权之争的问题上，文臣武将历来都是明哲保身不加妄议。在明朝即将出现两个皇帝的尴尬政局中，很多当朝权臣也都缄默不语。而于谦又一次当机立断，直言："天位已定，宁复有他？顾理当速奉迎，万一彼果怀诈，我有词矣。"于谦在大是大非的抉择上丝毫没有考虑个人的荣辱安危，而是完全以明朝社稷为重。因为奉迎明英宗回朝势必会导致新的皇位之争，这就会让也先渔翁得利，同时危及大明江山，殃及明朝百姓。

其实，在于谦的心中，江山社稷高于一切，当然也包括帝王。于谦就是一个始终以社稷为重，心中有平等思想的爱国志士，正如他在《立春日感怀》一诗中所言："年去年来白发新，匆匆马上又逢春。关河底事空留客？岁月无情不贷人。一寸丹心图报国，两行清泪为思亲。孤怀激烈难消遣，漫把金盘簇五辛。"

要留清白在人间

　　于谦出身浙江钱塘仕宦之家。受祖训影响，于谦从小就立志做一个清正廉明、报国为民的人。他严于律己，敢于直言，时时处处都以国家和百姓的利益为重。他曾作《咏煤炭》诗一首来表达自己的真切愿望。"凿开混沌得乌金，藏蓄阳和意最深。爝火燃回春浩浩，洪炉照破夜沉沉。鼎彝元赖生成力，铁石犹存死后心。但愿苍生俱饱暖，不辞辛苦出山林。"

　　这是一首咏物诗。在诗中，于谦托物言志以煤炭自喻，抒发了自己甘为国家和百姓利益"鞠躬尽瘁、死而后已"的抱负和情怀，尤其是尾联"但愿苍生俱饱暖，不辞辛苦出山林"，真诚坦荡地表露出自己甘心为民效力的愿望。杜甫在《茅屋为秋风所破歌》一诗中曾云："安得广厦千万间，大庇天下寒士俱欢颜，风雨不动安如山。呜呼！何时眼前突兀见此屋，吾庐独破受冻死亦足。"杜甫推己及人的博大胸襟和忧国忧民的崇高理想撼人心魄。于谦在《咏煤炭》中吐露出的真诚愿望完全可以与杜甫的理想相媲美。习近平总书记在《心无百姓莫为"官"》一文中也高度评价了于谦的情怀。他说："古往今来，许多有作为的'官'都以关心百姓疾苦为己任。从范仲淹的'先天下之忧而忧，后天下之乐而乐'，到郑板桥的'些小吾曹州县吏，一枝一叶总关情'；从杜甫的'安得广厦千万间，大庇天下寒士俱欢颜'，到于谦的'但愿苍生俱饱暖，不辞辛苦出山林'，都充分说明心无百姓莫为'官'。"

明成祖永乐十九年（1421），于谦考中了进士。据《明史·于谦传》载："（于谦）生七岁，有僧奇之曰：'他日救时宰相也。'"不久，于谦就被任命为监察御史，在任监察御史期间，他总是坚守本分，尽职尽责，敢于为了百姓的利益除暴安良。他以事实为根据，不畏强权，敢于严惩各地贪官污吏，坚决平反冤假错案。据《明史》记载，仅仅于谦在巡按江西时就昭雪了几百个被冤枉的囚犯。江西宁王府仗着皇族的权势以"和买"名义故意压低物价强取豪夺，严重扰乱了当地的经济秩序，为了稳定市场秩序、保护百姓的利益，于谦特意查办了宁王府中依仗权势作恶多端的不法分子。因此，于谦被当地百姓称为"于青天"，于谦离开江西时，江西的老百姓扶老携幼夹道相送。

宦官王振专权之时，曾经肆无忌惮地公开招权纳贿。地方上的文武百官也纷纷争相给王振献金求媚。据说当时有一个不成文的规定，那就是想要进京拜见王振必须献纳白银百两；如果能献白银千两，就能够得到王振的酒食款待。于谦每次进京，从来不带任何贿礼。有人曾经给他出谋划策："您不肯送金银财宝，是不是可以带上一点土产呢？"于谦听后微微一笑，甩了一甩他的两只袖子说道："我只有两袖清风。"后来，于谦特意写下一首《入京》诗来明志："手帕蘑菇与线香，本资民用反为殃。清风两袖朝天去，免得闾阎话短长！"

宣德五年（1430），于谦被任命为兵部右侍郎，巡抚河南、山西。于谦到达官邸后，"轻骑遍历所部，延访父老，察时事所宜兴革，即具疏言之"。正统六年（1441），地方上的很多百姓因灾荒而民不聊生。于谦看在眼里苦在心里，他马上上疏皇帝："今河南、山西积谷各数百万。请以每岁三月，令府州县报缺食下户，随分支给。先菽秫，次黍麦，次稻。俟秋成偿官，而免其老疾及贫不能偿者。州县吏秩满当迁，预备粮有未足，不听离任。仍令风宪官以时稽察。"于谦不遗余力地尽自己所能为百姓做事，他不惧怕任何困难，因为他有一颗追求真我的赤子之心。

景泰八年（1457），趁景泰帝朱祁钰生病之机，明英宗朱祁镇在他原来手下的政客宦官的密谋中复辟了，这就是明朝历史上著名的"夺门之变"。经过"夺门之变"，朱祁镇继续做了皇帝，而景泰帝朱祁钰则被贬为郕王。

"夺门之变"后，于谦成了受害者。虽然于谦对明英宗朱祁镇复辟不置可否，但是那些策划"夺门之变"的政客却不会放过于谦。于谦是一个坚持自我、坚守原则的人，他不会为了名利权钱而去阿谀奉承哪一个人。因此，他为政多年也得罪了许多达官贵人。于是，一时之间皇帝的耳边响起的全是弹劾于谦的话：当年是谁说的"社稷为重君为轻"，又是谁不顾明英宗的死活坚守北京城呢？

面对他人罗织出来的莫须有的罪名，面对无耻小人的栽赃诬陷，于谦没有申辩。于谦在东市被处死，并弃尸街头，家人也被充军边疆。《明史·于谦传》载："及籍没，家无余资，独正室镡䥴甚固。启视，则上赐蟒衣、剑器也。死之日，阴霾四合，天下冤之。"

于谦死后，继任的兵部尚书陈汝言贪污纳贿，使于谦整顿的国防前功俱废，西北边防又出现危机。有人对明英宗直言："使于谦在，当不令寇至此。"

成化二年（1466），明宪宗亲自为于谦昭雪，将崇文门内西裱褙胡同的于谦故居改为"忠节祠"，并撰写诰语："当国家之多难，保社稷以无虞，惟公道之独持，为权奸所并嫉。在先帝已知其枉，而朕心实怜其忠。"

于谦遗骸被后人葬在了西子湖畔。清代大诗人袁枚曾经作诗赞颂于谦的功业，"江山也要伟人扶，神化丹青即画图。赖有岳于双少保，人间始觉重西湖。"

于谦为人胸襟坦荡，为政心系社稷百姓。他忧国忘家，不顾个人安危。《明史》对于谦的一生做了高度评价："于谦为巡抚时，声绩表著，卓然负经世之才。及时遭艰虞，缮兵固围。景帝既推心置腹，谦亦忧国忘家，身系安危，志存宗社，厥功伟矣。变起夺门，祸机猝发，徐、石之徒出力而挤之死，当时莫不称冤。然有贞与亨、吉祥相继得祸，皆不旋踵。而谦忠心义烈，与日月争光，卒得复官赐恤。公论久而后定，信夫。"

他就是这样一个清正廉洁的人间赤子，正如他在《石灰吟》一诗中所言："千锤万凿出深山，烈火焚烧若等闲。粉骨碎身全不怕，要留清白在人间。"

九 清正廉明海瑞

刚正不阿海笔架

明代在地方各县均设立了县级最高教育机关，即"县儒学"。"县儒学"中又设教谕一人，训导数人。教谕是"县儒学"的最高学官，训导是辅助教谕的助手。明代对儒学教谕的选用，要求比较严格。洪武二年，朱元璋下令规定儒学教谕，由各处守令选择有才德、学问并通晓时务的儒士上报，然后由朝廷任命。据《明史·职官志四》载："儒学，府教授一人，训导四人。州，学正一人，训导三人。县，教谕一人，训导二人，教授、学正、教谕，掌教诲所属生员，训导佐之。"在明代众多县学教谕中，有一个人非常有名，那就是人称"山字笔架"的海瑞。

"山字笔架"的称号是海瑞任南平教谕时所得。据说延平督学到南平县学视察时，南平教谕海瑞只是作揖而不肯下跪，而他两边的训导则早已跪下，三个人正好构了一个山字笔架的形状。于是，海瑞便得了"山字笔架"的"雅号"。海瑞不跪自然招致了上司延平知府的不满。但是，海瑞也有海瑞不跪的理由，他认为教谕虽然官位卑微，但是也要有自己的尊严。而且在洪武年间，明太祖朱元璋曾经规定各地儒学设在当地孔庙之中，地方官员祭孔督察之时，儒学师生要出门迎接，而后师生作揖，教谕侍坐。这些礼节上的规定都明确记载在《明会典》中。随着时代的更迭，自明中叶后儒学内又逐渐形成跪拜上司的传统。而海瑞却是一个例外，他在任南平教谕时，多次向手下的训导和儒学学生提出如有上级官员来视察一律不跪。

不管别人怎么做，更不管别人怎么说，海瑞依然会按照自己的原则坚持自己的操守和尊严。他在任南平教谕时以礼为教，刚正不阿，坚持自己的立场不受世俗束缚。嘉靖三十七年（1558），四十四岁的海瑞升任浙江淳安县知县。

在任浙江淳安知县之时，海瑞依然刚直守道不畏强权。据说当时浙江总督胡宗宪的儿子依仗权势到处敲诈勒索盘剥百姓。一日，胡宗宪的儿子路过淳安，因嫌淳安驿站招待过于简单，胡宗宪的儿子竟然将驿站的驿吏吊起来打。明代的驿站大多数时候是以传递军事情报和各种国家文书为基本职责，在接送朝贡官员和往来公差等方面也担负着重要责任。当然，明代朝廷对驿站的管理也非常严格，对驿吏、驿卒、车马配置和食宿安排等都有明确的规定。自己属下的驿吏竟然被人吊起来打？"是可忍，孰不可忍？"刚正的海瑞气愤至极。于是，他命令属下将胡宗宪的儿子抓起来痛打一顿，并且将胡宗宪儿子一路盘剥敲诈来的银两全部没收充公。其时，海瑞手下也有人提醒他说这可是胡宗宪胡总督的儿子。海瑞却不以为然，并且当着胡宗宪儿子的面说：这个人必定是冒充的，胡总督宽厚仁爱，体恤百姓，他亲自下令驿费从简，胡总督的公子怎么会不知道自己父亲的命令呢？冒充是胡总督的儿子，而且败坏胡总督的名声，着实该打。《明史·海瑞传》载："瑞曰：'曩胡公按部，令所过毋供张。今其行装盛，必非胡公子。'"此后，海瑞还修书一封派人将胡宗宪的儿子押还给了胡宗宪。这一妙计让胡宗宪哭笑不得，无计可施，更对海瑞奈何不得。

海瑞在任淳安知县时克勤克俭，兴利除弊，他不仅能够不畏强权，敢于与豪强斗争，而且还兴修水利为当地百姓造福，海瑞的刚正得到了淳安百姓的一致称道。当时有权倾一时的奸臣鄢懋卿，在权臣严嵩得势之时，极度逢迎巴结严嵩父子，于是被任为两浙、两淮等多地的盐政，盐政在当时属于绝对的肥差。而鄢懋卿也借机到处招摇索贿，为了满足一己之私，他时常以盐法都御史的身份巡视各地，所到之处，地方官员无不讨好献媚极尽阿谀之能事。鄢懋卿这个人贪得无厌，他在出巡之前却故意放话通知各级地方官员说："本官素性简朴，不喜承迎。凡饮食供帐，俱宜俭朴为尚，毋得过为华侈，靡费里甲。"但是，事实上鄢懋卿公开索贿，到处盘剥，各地方官员一则惧怕其淫威，二则也想巴结权臣严嵩，纷纷攀比迎送，弄得百姓苦不堪言。

听说鄢懋卿坐着五彩舆，带着小老婆直奔淳安而来，海瑞顿时心生一计先发制人，他直接给鄢懋卿写信。《海刚峰先生集》记载了海瑞给鄢懋卿的信："严州府淳安县知县海瑞谨禀：伏读台下札付云：'凡有益于盐政者，我三司并府运州县等官具帖详报。'又云：'方今民穷财尽，宽一分则民受一分之赐，务宜体亮。'谆谆然不一而止。仰知台下为民为国，言出由中，非虚设也。第今时风俗，喜谀恶直；今时居官人，利害得丧动其心，因一人疑千百人，乐于为谀，不乐于为直。台下奉命南下，浙之前路探听者皆云：'各处皆有酒席，每席费银三四百两。金花、金段，一道汤一进。下程则山禽野兽，人不能致者。供帐极华丽，虽溺器亦银为之。'与台下颁行条约大悖戾。夫都院出理盐政，我祖宗以来未之有，亦希阔事也。事出希阔，则疾苦者望车驾而赴诉，贪酷者望车驾而改心，百姓得希阔之遇焉可也。乃今府县恐以不周致罪，极意买办；里甲惮于出财，怨口啧啧；百姓不沾希阔之恩，反受希阔之费。是毋乃官属承奉台下，乐为谀不乐为直，误认台下之心欤？"

鄢懋卿收到信后，大为恼火，但他也素闻海瑞之刚直和"山字笔架"

之"雅号"，于是改道而行，不再到淳安巡视。

　　隆庆三年（1569），海瑞受到首辅徐阶的提拔，升任都察院右佥都御史，总督粮储、提督军务，巡抚应天十府。隆庆四年（1570），海瑞奉命到应天府任职。下车伊始，海瑞就发现江南土地兼并严重，天下财货尤其是土地都聚集在豪强之家。于是海瑞敢于冒天下之大不韪，惩贪抑霸，整顿吏治。海瑞首先采取强制手段逼迫侵占民田的官绅豪强退还百姓土地。但是，不久海瑞就发现提携海瑞的首辅徐阶家族产业最大，侵占百姓良田最多，老百姓到海瑞处投牒讼冤告发徐阶的也最多。据说徐家占有民田二十几万亩之巨，海瑞还是一视同仁，坚持刚正，责成徐家退还一半田地。这让徐阶很是难堪。老百姓一看，海瑞敢于逼迫徐阶退田，于是趁机申诉冤屈。海瑞铁面无私，将违法乱纪、仗势欺人的徐阶之子徐璠、徐琨严格按照明代律法充军，而且还将徐阶的弟弟侍郎徐陟依法治罪。一时之间，海瑞被地方百姓誉为"海青天""包公再世"。此后不久，海瑞被弹劾罢官。在高拱、张居正等人主政的十余年里，海瑞一直闲居家乡。

　　海瑞曾经自撰一对联："干国家事，读圣贤书。"海瑞就是本着这一原则坚持自己的操守，刚正不阿，为官清正廉明，细读圣贤之书。

心系黎民明断疑案

　　海瑞一生为人刚正严明，为官心系百姓。早在嘉靖二十八年（1549），海瑞写的《治黎策》传颂一时。在明代，黎族百姓多次起义反抗朝廷，而明代官员也多采取武力征讨的策略对付黎族百姓。作为土生土长的海南人，海瑞看到长期与朝廷对抗遭殃的还是老百姓，于是，上疏建议朝廷不能武力征剿镇压黎族百姓，而应该加强疏导管理。他在《治黎策》开篇就说："天下之事，图之固贵于有其法，而尤在于得其人。何谓法？经画而条理之，卓有成绪可考者，法之谓也。何谓人？所以经画而条理之，卓以成绩自许者，人之谓也。得其人而不得其法，则事必不能行；得其法而不得其人，则法必不能济。人法兼资，而天下之治成。"他主张人法兼资，他还建议在黎区设县立所，并且"招民、置军、设里、建学、迁创县所、屯田、巡司驿递事并图说"。但是，海瑞的《治黎策》并没有引起朝廷的重视。第二年，在进京参加会试时，他又写了《平黎疏》，进一步阐发了《治黎策》中关于海防和黎区建设的想法。但是，《平黎疏》依然如泥牛入海无消息。

嘉靖四十五年（1566），海瑞时年五十二岁，正在户部云南司主事任上。这一年，海瑞又上疏皇帝了，和前几次上疏一样，这一次他还是为了天下百姓而上疏。但是，这一次，海瑞却抱着一去不返的念头去骂皇帝。为此，他先为自己买了一口棺材等着皇帝来杀他，他向嘉靖皇帝上的是《治安疏》。在《治安疏》中，他直陈嘉靖皇帝的各种罪过，明言嘉靖皇帝"不及汉文帝远甚"，嘉靖朝"非大清明世界"，"嘉靖者，言家家皆净而无财用也"。这直接触怒了嘉靖皇帝。据《明史·海瑞传》记载："帝得疏，大怒，抵之地，顾左右曰：'趣执之，无使得遁！'宦官黄锦在侧曰：'此人素有痴名。闻其上疏时，自知触忤当死，市一棺，诀妻子，待罪于朝，僮仆亦奔散无留者，是不遁也。'帝默然。少顷复取读之，日再三，为感动太息，留中者数月。尝曰：'此人可方比干，第朕非纣耳。'"

海瑞的《治安疏》究竟是怎么写的，会让嘉靖皇帝一会儿大怒，一会儿默然？也让我们来共赏奇文。"君者，天下臣民万物之主也。惟其为天下臣民万物之主，责任至重。凡民生利瘼一有所不闻，将一有所不得知而行，其任为不称。是故养君之道，宜无不备，而以其责寄臣工，使尽言焉。臣工尽言而君道斯称矣。昔之务为容悦、谀顺曲从，致使实祸蔽塞，主不上闻焉，无足言矣。"

海瑞开篇直言皇帝是天下臣民万物之主，臣民要尽事君之道就要直言。于是乎，海大人就不客气地直说了。"陛下自视，于汉文帝何如？陛下天资英断，睿识绝人，可为尧、舜，可为禹、汤、文、武，下之如汉宣之厉精，光武之大度，唐太宗之英武无敌，宪宗之志平僭乱，宋仁宗之仁恕，举一节可取者，陛下优为之。即位初年，铲除积弊，焕然与天下更始。举其大概：箴敬一以养心，定冠履以定分，除圣贤土木之象，夺宦官内外之权，元世祖毁不与祀，祀孔子推及所生。天下忻忻，以大有作为仰之。识者谓辅相得人，太平指日可期，非虚语也，高汉文帝远甚。然文帝能充其仁恕之性，节用爱人，吕祖谦称其能尽人之才力，诚是也。一时天下虽未可尽以治安予之，然贯朽粟陈，民物康阜，三代后称贤君焉。"

当今皇帝和汉文帝相比谁更好呢？从表面上看，当今皇帝"天资英断，睿识绝人"，甚至可以和尧、舜、禹、汤、文、武、汉宣帝、光武帝、唐太宗、唐宪宗、宋仁宗等彪炳史册的一系列帝王相颉颃。但是，海瑞却笔锋一转："陛下则锐精未久，妄念牵之而去矣。反刚明而错用之，谓遥兴可得而一意玄修。"然后又列举了他大兴土木、二十多年不上朝等一系列无能无为之举，因而导致"天下吏贪将弱，民不聊生，水旱靡时，盗贼滋炽"。最终借用老百姓的话直言："天下因即陛下改元之号，而臆之曰：'嘉靖者，言家家皆净而无财用也。'"

"嘉靖者，言家家皆净而无财用也。"我们可以设想当嘉靖皇帝读到这里时的脸色有多难看，也可以求他吼出"趣执之，无使得遁！"时的分贝有多高。作为一名直言的臣民，海瑞还要说，他要说出嘉靖皇帝错误之根源。他说："陛下之误多矣，大端在修醮。修醮所以求长生也。"

修醮就是道士设坛作法禳除灾难，以保皇帝长生不老。海瑞直戳嘉靖皇帝的要害，连他自己也认为必死无疑，因此提前买下了棺材为自己安排好了后事。果然，嘉靖皇帝看过《治安疏》后大怒，将海瑞逮捕下狱，定成死罪。但是，嘉靖也被海瑞为国为民的刚正和忠诚所折服。

海瑞下狱后，一直没有被执行死刑。一天狱卒端来好酒好菜给海瑞，海瑞以为是自己行刑的时间到了。但殊不知狱卒却告知他说皇帝驾崩了，海瑞可能不久就会被释放。谁知，海瑞一下子吐出了所用酒食，号啕大哭。他本来是想用自己的死来劝谏嘉靖皇帝的，谁知嘉靖皇帝竟然先行死去。

海瑞就是这样的人，他不畏权势，不为个人谋取私利，他甚至不怕死，因为他一直遵从自己的内心，心系国家，心系黎民。

海瑞在为官任上十分重视刑狱。他重证据、重人情事理，屡次明断疑案；他守正廉明，坚持自己的操守；他为官一任造福一方百姓。他曾经劝人说："游惰之民，君子之所以不齿也，世咸以为异端游手目之，而不知儒生贵族特甚。"李贽也曾高度评价海瑞："吾谓欲得扶世，须如海刚峰之悯世，方可称真扶世人矣！"

老而弥坚真心不改

　　嘉靖皇帝驾崩后不久，海瑞果然被释放出狱。出狱后，他依然坚持自我，依然坚持为官为民，刚正不阿如前。因此，他也得罪了很多权贵。隆庆四年（1570），海瑞在高拱等人的弹劾之下，从应天巡抚任上被罢官还乡。

　　海瑞回乡后，首辅由李春芳变成了高拱，又由高拱变成了张居正。但是，历经十六年，海瑞都没有得到起用。一则他得罪了太多达官权贵，二则他坚持刚正，可以六亲不认，可以用另类的报恩方式对待提携自己的徐阶，令那些不廉洁的达官心生忌惮。据《明史·海瑞传》记载："万历初，张居正当国，亦不乐瑞，令巡按御史廉察之。御史至山中视，瑞设鸡黍相对食，居舍萧然，御史叹息去。居正惮瑞峭直，中外交荐，卒不召。"张居正也是因为惧怕海瑞的耿直刚正而不用海瑞。

　　在万历十年（1582），内阁首辅大臣张居正去世了。万历十三年（1585），海瑞在他人的举荐之下终于被重新起用，这一年，海瑞七十一岁。海瑞被万历皇帝任命为南京都察院右金都御史，不久又改任南京吏部右侍郎，南京都察院右都御史。海瑞被重新起用后任的都是什么职位呢？南京都察院是直属于皇帝的监察部门，吏部右侍郎又是吏部的副长官。从这些官职上看，万历皇帝起用海瑞是让他整顿吏治来的。

果然，海瑞一上任就发出布告严禁官员送礼，严禁各级官员向老百姓摊派。海瑞实行两手抓，强硬地对待当时流行的贪污腐败之风。他一方面要反腐，整治官吏贪污腐败之风；一方面打黑，坚决打击欺压百姓的官员恶霸。

明朝在北京和南京都设有五城兵马司。五城兵马司的职务是"专防察奸宄，禁捕贼盗，疏通沟渠，巡视风火"。海瑞一到南京就发现南京城的五城兵马司乌烟瘴气，充斥着黑社会的一些不良习气，他们不仅欺行霸市，在各个市场强取豪夺，甚至还明火执仗公然到老百姓的家里去索取财物。海瑞重新到南京任职，首先就是打击黑社会，稳定社会秩序，他也不问五城兵马司的主管官员是谁，也不管这些执法犯法的违法乱纪分子背后有谁指使，一律按照大明刑律处理。一时，南京的老百姓拍手称快、奔走相告，那个为老百姓办事的"海青天"回来了。

当时的明代官场已经相当腐败，各级官员贪污成风，索贿受贿行为大都习以为常。海瑞一上任就明确规定，除了按照规定必须供应的之外，一分一文也不能多收多取，否则将严惩不贷。海瑞究竟会怎样严惩贪官呢？他想到了明太祖朱元璋的反腐措施——剥皮楦草。海瑞提出，明太祖朱元璋时期，对贪官的定位标准十分苛刻，惩戒手段也十分残忍。明太祖时期，凡是各级官吏中贪赃六十两白银以上的都要受枭首示众、剥皮楦草的极刑。而今，要惩戒贪污腐败行为也必须对那些贪官予以严惩。据说在明太祖时期受到枭首示众、剥皮楦草的极刑的贪官都要到各地府、州、县衙门附近的土地庙行刑。对贪官实行完剥皮刑罚后还要将人皮填塞上干草，挂在衙门口示众。剥皮楦草的手段极其残忍，但是据说恐吓惩戒的效果还比较明显。海瑞以明太祖时期的严刑酷法惩治贪污腐败，自然招致了各级贪官的坚决反对。但是，海瑞身正不怕影子斜，自身没有贪污腐败，哪里会怕如此残忍的惩戒手段？面对众多官员的弹劾，海瑞以年老为由向皇帝辞职告老还乡，万历皇帝再三挽留，执意不同意海瑞辞职。

万历十五年（1587），年迈的海瑞病情日益严重，终于在十月十四日，卒于南京都察院右都御史任上，时年七十三岁。海瑞一生坚持正义，毫不利己，一心为国为民。死后，海瑞家里的全部家产只有十多两白银。这与万历年间无官不贪的腐败现实形成了鲜明的对比。据说在海瑞去世前三天，兵部送俸禄时多算了七两银子。海瑞发现后还特地请人退了回去。

海瑞任淳安知县时，穿布袍，吃粗粮，还亲自动手开荒种菜、自给自足。只有在为母亲过寿时，海瑞才特意到市场上买了两斤肉。据《明史·海瑞传》记载："（海瑞）迁淳安知县。布袍脱粟，令老仆艺蔬自给。总督胡宗宪尝语人曰：'昨闻海令为母寿，市肉二斤矣。'"

海瑞一生刚正不阿、宁折不弯。在众官多浊贪腐盛行的晚明，海瑞为了自己心中刚正廉明的理想而孤独地坚持了一辈子。海瑞去世后，不仅南京百姓闻讯而哭，各地百姓无不动容。他的灵柩随水路沿江而下的过程中，两岸百姓皆着白衣白帽夹岸相送。

据《明史·海瑞传》载："瑞无子。卒时，金都御史王用汲入视，葛帏敝籝，有寒士所不堪者。因泣下，醵金为敛。小民罢市。丧出江上，白衣冠送者夹岸，酹而哭者百里不绝。"苏州府吴县人朱良佑听说后，提笔写下了挽诗："批鳞直夺比干志，苦节还同孤竹清。龙隐海天云万里，鹤归华表月三更。萧条棺外无余物，冷落灵前有菜羹。说与旁人浑不信，山人亲见泪如倾。"

十 风骨嶙峻柳如是

桃花得气美人中

在晚明，有一个卓然不群的奇女子，她敢爱敢恨敢说敢做，敢于同命运抗争。她身为女子，却常常扮以男装；她是一代才女，却尤喜在名士间周旋，并以女弟相称；她出身娼妓，却绝不甘心为妾，要寻求人格的独立；她只是一个妇人，却节义忠烈让一般男子汗颜；她是那么热爱生活、热爱生命，却又自缢身亡，以死来捍卫自己的人格尊严。她就是柳如是。

柳如是本名杨爱，"秦淮八艳"之首，嘉兴人，明万历四十六年（1618）生，自幼聪慧好学，因读到辛弃疾的词句"我见青山多妩媚，料青山见我应如是"，所以自号如是，后来又自称"河东君""蘼芜君"等。在明末清初，她以奇异的方式在寻求自我价值的道路•上走出了属于自己的风景。

柳如是美貌才情超乎常人，但是身世坎坷，幼遭不幸。她自幼就被卖入青楼，虽然后来被"吴中故相"周道登收为小妾，但不久就被逼出周家，再次被卖入妓院。但是，在不幸的遭际中柳如是也在周道登身边耳濡目染，接触了诗词文学。第二次被卖入妓院后，她又师从吴中名妓徐佛，其诗词歌赋、琴棋书画已达到很高的造诣了。凭着自身的美貌和聪颖，柳如是在江南一带名声很大，众多仕宦子弟都欲与柳如是交往。

不久，柳如是与"云间绣虎"陈子龙在松江开始了一段浪漫的恋情。陈子龙也是明末著名的诗人，是"云间派"的领袖。据史载，陈子龙"生有异才"，不仅才学相当了得，而且见识颇高。清军入关后，陈子龙积极率领义军抗清，顺治四年（1647），陈子龙在抗清失败后投水而死，堪称忠义刚烈之士。柳如是与陈子龙相恋后，一起宴游唱和、吟诗作赋，沉浸爱情的幸福里。但是，这幸福是短暂的，陈子龙宿娼的行为遭到了老祖母和正妻的坚决反对。恪守孝道的陈子龙最终选择了与柳如是分手。

用心经营的爱情有始无终，真心相爱的恋人弃她而去，这一度让柳如是惆怅伤感至极。她以寒柳自喻填写了一首《金明池·咏寒柳》来寄意抒写内心的凄苦。"有怅寒潮，无情残照，正是萧萧南浦。更吹起，霜条孤影，还记得，旧时飞絮。况晚来，烟浪斜阳，见行客，特地瘦腰如舞。总一种凄凉，十分憔悴，尚有燕台佳句。　　春日酿成秋日雨。念畴昔风流，暗伤如许。纵饶有绕堤画舫，冷落尽，水云犹故。念从前一点春风，几隔着重帘，眉儿愁苦。待约个梅魂，黄昏月淡，与伊深怜低语。"

柳如是借寒柳飞絮自喻来抒发自己的身世之悲，在词中，她写尽了人生的孤独和无奈，在感慨自己不幸人生的同时，也流露出自己在困境中，依然对爱情的坚贞和对命运的不屈从。

柳如是曾经结交了众多名士，不仅有包括陈子龙在内的"松江三杰"，还有"嘉定四先生"李流芳等人。离别了伤心地松江后，漂泊无依的柳如是随后不久又在汪然明的资助下寓居杭州。在杭州，汪然明出资为柳如是刊印了柳如是诗文集《戊寅草》《湖上草》《柳如是尺牍》等书。自此之后，柳如是的诗文作品得到广泛流传。

柳如是徜徉在西湖美景中写下了许多吟咏西湖的佳作，其中《西湖八绝句》写得清新自然非常有气势，其中一首是这样的："垂杨小院绣帘东，莺阁残枝未思逢。大抵西泠寒食路，桃花得气美人中。"这首诗在平常伤春之语中陡然以"桃花得气美人中"作结，不由使人惊叹柳如是的才学与境界之高。西湖之作让柳如是声名远播。

身在闺阁，心系大业

柳如是是一个头脑清醒的人，是一个有自我追求的人。作为一名女子，她渴望拥有属于自己的家庭。经过多次交往，柳如是决定嫁给东林党的领袖虞山先生钱谦益。柳如是敬钱谦益学识渊博，钱谦益爱她才貌双全。清文学家钮琇的笔记小说《觚剩》中记载："昌言于人曰，天下惟虞山钱学士始可言才，我非才如学士者不嫁。适宗伯丧偶，闻之大喜，曰：天下有怜才如此女子者耶？我亦非才如柳者不娶。"

崇祯十四年（1641），钱谦益不顾众人非议，与柳如是在杭州西湖芙蓉舫中，以"匹嫡之礼"结为夫妻。他花费巨资为她建造了一座精美典雅的小楼，名为"绛云楼"，楼中藏书为江南之冠。柳如是的起居室命名为"我闻室"，以《金刚经》中"如是我闻"一句，暗合柳如是的名字。

有言钱谦益看上了柳如是的年轻貌美。而柳如是呢？为什么柳如是会选择嫁给钱谦益呢？据说有一次柳如是问钱谦益你爱我什么，钱谦益随口说我爱你"乌个头发白个肉"，也就是乌黑的头发雪白的肌肤。随即钱谦益问柳如是你爱我什么？柳如是则答"我爱你白个头发乌个肉"。

当然，这只是一个笑话。那么，为什么一个才华横溢、年轻貌美的奇女子会嫁给一个糟老头呢？我想，这或许是柳如是的无奈之举。对柳如是来说，虽然再遇如陈子龙那般才貌俱佳的人是难上加难，但是，她绝对不会随随便便把自己嫁了，她更不想嫁给世俗。既然如此，那么就嫁给才学。

在柳如是的尺牍中记载了她当时对钱谦益的认识，其中之一是这样的："嗣旨遥阻，顿及萧晨。时依朔风，禹台黪结。弟小草以来，如飘丝雾，黍谷之月，遂蹑虞山。南宫主人，倒屣见知；羊公谢傅，观兹非邈。彼闻先生与冯云将有意北行，相望良久。何谓一仲，尚渺溯洄？弟方耽游蜡屐，或至阁梅梁雪，彦会可怀。不尔，则春王伊迩，薄游在斯。当偕某翁便过通德，一景道风也。端此修候，不既。"

在这里，柳如是不仅记载了钱谦益之美，更是把钱谦益看作羊公谢安一样的人物。这是柳如是自己选择的归宿，也是自己与命运抗争的结果。嫁给钱谦益后，柳如是是幸福的，二人游湖赏柳诗词歌赋甚是欢心。在"我闻室"落成之日，钱谦益写诗抒怀。

其诗云："清樽细雨不知愁，鹤引遥空凤下楼。红烛恍如花月夜，绿窗还似木兰舟。曲中杨柳齐舒眼，诗里芙蓉亦并头。今夕梅魂共谁语？任他疏影蘸寒流。"

柳如是和诗一首《春日我闻室作呈牧翁》回敬："裁红晕碧泪漫漫，南国春来正薄寒。此去柳花如梦里，向来烟月是愁端。画堂消息何人晓，翠帐容颜独自看。珍重君家兰桂室，东风取次一凭栏。"

但是，这样的幸福美梦不久就被渔阳鼙鼓惊醒。崇祯十七年（1644），李自成攻破北京，崇祯帝自缢身亡。在南明弘光政权，钱谦益担任礼部尚书一职。第二年，清兵兵临南京城下时，攻打扬城的清朝将领多铎在《谕南京等处文武官员人等》写道："昨大兵至维扬，城内官员军民撄城固守，予痛惜民命，不忍加兵，先将祸福谆谆晓谕。迟延数日，官员终于抗命，然后攻城屠戮，妻子为俘。是岂予之本怀，盖不得已而行之。嗣后大兵到处，官员军民抗拒不降，维扬可鉴。"

礼部尚书钱谦益于是率诸大臣在滂沱大雨中开城向清军统帅多铎迎降。同年，钱谦益剃发留辫，上京候用。柳如是当时劝钱谦益跳水殉难，她说："是宜取义全大节，以副盛名。"但是，钱谦益却以水冷为由拒绝投水，柳如是愤而欲独自跳秦淮河，却被钱谦益拽住衣袖，未果。钱谦益不仅辜负了故国的重用与信任，也辜负了柳如是对他的爱和期望。他成了名副其实的贰臣，沦落为精神上的娼奴。

柳如是用自己一生的努力与命运抗争，用毕生的才学去追求理想，用全部的心血去实现真我，但是她怎么也没想到，自己选择的名士竟会如此！此后，柳如是虽身在闺阁，但一直心系反清复明大业。钱谦益受柳如是影响在隐居时也积极参与一些反清活动。

清康熙三年（1664），钱谦益去世，时年八十三岁。钱谦益去世后，柳如是受到钱氏家族的排斥。不久，她用三尺白绫结束了自己的一生。

柳如是去世后黄宗羲直言："平生知己谁人是，能不为公一泫然。"几百年后，坚持"独立之精神，自由之思想"的国学大师陈寅恪以洋洋八十万字著述了《柳如是别传》。陈寅恪对柳如是的评价极高，他认为柳如是才真正具有"民族独立之精神"，并且为之"感泣不能自已"。

后记

明人对后世的启迪

朱元璋平定元末战乱建立大明王朝后，也曾经实行了比较开明的政策。洪武元年（1368），朱元璋曾经下诏："天下始定，民财力俱困，要在休养安息。"但是，朱元璋又以严刑酷法实行专制独裁。他大兴党狱，一方面诛杀有功之臣，一方面又用文字狱屠杀文人。其中，胡惟庸蓝玉案件被株连屠戮都超过了万人。在清人赵翼看来，"其残忍实千古所未有"。其后，文化专制，"八股取士"进一步钳制着人们的思想；宦官专权，厂卫特务机构遍布全国，政治氛围更加紧张。很多人在高压的统治下随波逐流，他们不敢张扬个性，不敢追求真我，只是在默默忍受压迫和奴役。

但是，还是有这样一批人敢于冲破世俗的牢笼，敢于与黑暗腐朽的旧势力抗争。在明代之前一位位勇于追求真我的人的启示之下，一位又一位有识之士觉醒了。于是，明代出现了一大批勇于寻求心灵自由、寻求真我的人。王守仁自龙场悟道后，在"致良知"的过程中追求知行合一，始终怀着一颗光明之心。徐渭即使身陷囹圄，他的心灵也绝不会甘受束缚，他"脱屣尘缘，别有胸襟洒落"，以洒落纯净的人格，"独立书斋啸晚风"。李贽更是高举思想独立的大旗，倡导"童心说"，被莫言高度评价为"先生卓然思不群，痛斥道学倡童心"。还有寄情戏梦玉茗流芳的汤显祖，要留清白在人间的于谦，刚正不阿心系黎民的海瑞，等等。一个个卓然独立追求真我的人，在明代历史的天空下，站在思想的高处。他们不向世俗屈服、卓然不群嶙峻的风骨，深深影响着后世人继续寻求独立的人格、寻求真我。

于是，"扬州八怪"站了起来。他们虽然出身贫寒，生活清苦，但是他们坚守独立的人格，敢于追求真我。他们大多以清高狂放的姿态，用书画去抒发心志表达真我。其中，郑板桥画竹直接取法自然，多得于纸窗粉壁、日光月影，在艺术上提出"胸无成竹"说，他曾经直言："凡吾画兰、画竹、画石，用以慰天下之劳人，非以供天下之安享人也。"他在书法上又以兰草画法入笔，参以篆、隶、草、楷的字形，自创潇洒自然的"六分半书"。郑板桥别具一格的新书体，非隶非楷，非古非今，开创了书法历史的先河。曾有人说"板桥体"实乃"不可无一，不可有二"的上佳之作。

郑板桥一生只画兰、竹、石，自称"四时不谢之兰，百节长青之竹，万古不移之石，千秋不变之人"。他在艺术创作上卓然独立，不受前人束缚。他的这种自辟蹊径、高度觉醒的追求影响了近代一大批著名的书画家。徐悲鸿曾在郑板桥的一幅《兰竹》画上题云："板桥先生为中国近三百年最卓绝的人物之一。其思想奇，文奇，书画尤奇。观其诗文及书画，不但想见高致，而其寓仁悲于奇妙，尤为古今天才之难得者。"书画家启功也作诗评价说："坦白胸襟品最高，神寒骨重墨萧寥。朱文印小人千古，二百年前旧板桥。"

龚自珍站了起来。作为近代改良主义运动的先驱，龚自珍清醒地看到了封建王朝已经日益腐朽衰败。作为一个追求真我的人，他看到了就要说，说就直言，一针见血，他用诗来揭露社会弊病，激励人们为自由而奋斗，鼓励人们勇于追求真善美，追求思想解放和个性解放。"九州生气恃风雷，万马齐暗究可哀。我劝天公重抖擞，不拘一格降人材。""不论盐铁不筹河，独倚东南涕泪多。国赋三升民一斗，屠牛那不胜栽禾。"在一首首《己亥杂诗》中，他以饱满的爱国主义和民族情怀，蘸着血和泪去批判现实，去呼唤自由。他站在国家和民族的高度，关心百姓疾苦，支持禁烟，主张改良。梁启超在《清代学术概论》中如是说："晚清思想之解放，自珍确与有功焉。光绪间所谓新学家者，大率人人皆经过崇拜龚氏之一时期；初读《定庵文集》，若受电然。"

林则徐站了起来。面对千古未遇之西方列强入侵，林则徐从封建的闭关自守的昏睡状态中觉醒，以全新的态度睁眼看世界。他开始有意识地学习西方了解西方，主张用西方先进的知识和武器来抵御西方列强的侵略。林则徐主持禁烟，主持翻译外国书籍，提出建造坚船利炮的意见；他主持翻译编写《四洲志》，以积极的姿态了解西方的地理、历史和政治。在民族危亡之际，他尽职尽责，鞠躬尽瘁。"苟利国家生死以，岂因祸福避趋之？"作为觉醒的民族英雄，他是中国近代传播西方文化、促进西学东渐的带头人。有位西方人认为他"是中国的一位理想的爱国志士。他是圣人，而且是万圣之圣。他把自己的智慧同传统的智慧结合了起来，是中国爱国志士的骄傲"。

魏源站了起来。他认识道："天下无数百年不弊之法，无穷极不变之法，无不除弊而能兴利之法，无不易简而能变通之法。"因此，他积极请求清政府革新图强，并明确提出了反侵略的一些具体做法。他主张兴办实业，"睁眼看世界"，重视了解和学习西方的科学技术。他认识道："善师四夷者，能制四夷；不善师外夷者，外夷制之。"他还提出了兴办民用工业，允许商民自由兴办工业的主张。他既是忧时忧民的学者，又是开眼看世界的先驱。他的这些积极的思想主张和举措影响着后来者为了真

后记

127

我而前赴后继。

梁启超站了起来。他主张改良，宣传维新，是百日维新的代表人物。作为一个有意识变革的觉醒者，他与康有为一起"公车上书"，与黄遵宪合办《时务报》，积极为维新变法广泛宣传。他还积极倡导新文化运动，支持五四运动，被公认为是清末民初的优秀学者，中国历史上一位百科全书式人物，而且是一位能在退出政治舞台后仍在学术研究上取得巨大成就的少有人物。一百多年前，他在《少年中国说》中直言："造成今日之老大中国者，则中国老朽之冤业也；制出将来之少年中国者，则中国少年之责任也。"他如是畅想："使举国之少年而果为少年也，则吾中国为未来之国，其进步未可量也；使举国之少年而亦为老大也，则吾中国为过去之国，其渐亡可翘足而待也。故今日之责任，不在他人，而全在我少年。少年智则国智，少年富则国富，少年强则国强，少年独立则国独立，少年自由则国自由，少年进步则国进步，少年胜于欧洲则国胜于欧洲，少年雄于地球，则国雄于地球。红日初升，其道大光；河出伏流，一泻汪洋；潜龙腾渊，鳞爪飞扬；乳虎啸谷，百兽震惶；鹰隼试翼，风尘吸张；奇花初胎，矞矞皇皇；干将发硎，有作其芒；天戴其苍，地履其黄；纵有千古，横有八荒；前途似海，来日方长。美哉，我少年中国，与天不老！壮哉，我中国少年，与国无疆！"

孙中山站了起来。他高呼"驱除鞑虏，恢复中华，创立民国，平均地权"，他提出民族、民权、民生三大主义，为推翻帝制，建立共和国殚精竭虑，积极奔走了一生。临终前，他总结了自己四十年的革命经验认识道："必须唤起民众，及联合世界上以平等待我之民族，共同奋斗。"他的遗嘱"革命尚未成功，同志仍须努力"，激励着有为青年继续为自由而努力，为追求真我的人生价值而奋勇向前。

其后，陈独秀站了起来。他创办《新青年》，宣传倡导"德先生"和"赛先生"，积极倡导新文化运动，提倡科学和民主。陶行知站了起来。

他提出"生活即教育"，主张"教学做合一"，教育就是"千教万教，教人求真；千学万学，学做真人。"陈寅恪站了起来，他以三百年未有一人之学问，用一生去践行了"独立之精神，自由之思想"。做人，他一生求真；讲课，他明确提出："前人讲过的，我不讲；近人讲过的，我不讲；外国人讲过的，我不讲；我自己过去讲过的，也不讲。现在只讲未曾有人讲过的。"无怪乎助手黄萱如是感慨："寅师以失明的晚年，不惮辛苦、经之营之，钩稽沉隐，以成此稿。其坚毅之精神，真有惊天地、泣鬼神的气概。"

千千万万中国人站起来了，他们在前人的启迪之下，为了自由和幸福，奋斗在寻求真我的追梦路上……